高校体育教学与大学生体能训练

汪永声 著

中国书籍出版社
China Book Press

图书在版编目(CIP)数据

高校体育教学与大学生体能训练/汪永声著.
北京:中国书籍出版社,2024.8.
--ISBN 978-7-5068-9981-9

Ⅰ.G807.4;G808.14

中国国家版本馆 CIP 数据核字第 2024ZP2834 号

高校体育教学与大学生体能训练

汪永声　著

图书编辑	成晓春
责任编辑	李　新
封面设计	博健文化
责任印制	孙马飞　马　芝
出版发行	中国书籍出版社
地　　址	北京市丰台区三路居路 97 号(邮编:100073)
电　　话	(010)52257143(总编室)　(010)52257140(发行部)
电子邮箱	eo@chinabp.com.cn
经　　销	全国新华书店
印　　刷	北京市怀柔新兴福利印刷厂
开　　本	710 毫米×1000 毫米　1/16
字　　数	200 千字
印　　张	11.25
版　　次	2025 年 1 月第 1 版
印　　次	2025 年 1 月第 1 次印刷
书　　号	ISBN 978-7-5068-9981-9
定　　价	72.00 元

版权所有　翻印必究

前　言

随着我国经济的快速发展和人们物质生活水平的不断提高，大学生的生活和学习方式也发生着变化，生活更加舒适，学习方式更加便捷，但是身体活动量明显减少，加之大学生主观健身锻炼意识淡薄，导致其体能素质特别是耐力与力量素质持续呈下降趋势，体质健康状况堪忧。

高校体育教学是我国高校教育和体育教育的重要组成部分，在促进我国体育和教育事业发展、促进大学生健康全面发展方面发挥着重要作用。良好的体能是大学生进行各种体育课程学习的基础，体能素质必将会影响大学生掌握体育技能的效果，并对体育教学课程的质量产生一定的影响。在高校开展体能训练的实际过程中，学生应根据个人身体素质和自身潜力来进行体能训练，这样既有利于学生了解自己的真实运动水平，激发身体的潜在能力，更有助于调动学生参与体育课程的积极性，更快地掌握体育知识和技能，从而为大学生身心素质的发展奠定良好的基础。

本书以高校体育教学和大学生体能训练为中心展开研究，内容涉及高校体育课程教学理论、教学目标、价值观、教学内容体系构建，高校体育教学的内容、模式、设计、创新研究，以及大学生体能训练的基本理论、学科基础、方法与训练原则。本书坚持"健康第一"的指导思想，力求使大学生通过本书的基础理论与训练方法，树立正确的体育观、健康观，能科学地参与体育运动与锻炼。

目　录

第一章　高校体育教学综述 … 1
第一节　高校体育课程教学理论 … 1
第二节　高校体育课程与教学目标 … 8
第三节　高校体育教学价值观与目标思考 … 14
第四节　高校体育教学内容结构体系的构建 … 22

第二章　高校体育教学内容 … 26
第一节　高校体育教学内容的选择与开发 … 26
第二节　高校体育教学内容体系的构建过程 … 45
第三节　高校体育教学内容体系的改革发展 … 48

第三章　高校体育教学模式 … 53
第一节　传统运动技能教学模式 … 53
第二节　启发式（发现式）体育教学模式 … 55
第三节　领会式体育教学模式 … 60
第四节　小群体体育教学模式 … 61
第五节　快乐体育教学模式 … 64

第四章　高校体育教学的创新研究 … 67
第一节　高校体育教学创新原则及路径 … 67
第二节　高校体育教学中学生创新意识与能力的培养 … 72
第三节　构建高校体育教学创新体系 … 74
第四节　高校体育教学模式的创新改革 … 76

第五章 大学生体能训练的基本理论 ·············· 79
第一节 体能与体能训练 ·············· 79
第二节 体能训练与人体健康 ·············· 107
第三节 体能训练的价值及其作用分析 ·············· 110
第四节 体能训练的发展趋势 ·············· 113

第六章 大学生体能训练的学科基础 ·············· 117
第一节 体能训练的生理学基础 ·············· 117
第二节 体能训练的心理学基础 ·············· 134
第三节 体能训练的营养学基础 ·············· 141
第四节 体能训练的生物力学基础 ·············· 153

第七章 大学生体能训练的方法与训练原则 ·············· 157
第一节 体能训练流行的锻炼方法 ·············· 157
第二节 体能训练的训练方法 ·············· 160
第三节 体能训练的一般方法 ·············· 164
第四节 体能训练的训练原则 ·············· 167

参考文献 ·············· 171

第一章 高校体育教学综述

第一节 高校体育课程教学理论

一、高校体育课程教学基本理论

(一)高校体育课程基本内容

1. 课程和教学的概念

课程一词最早出现在英国教育家斯宾塞的《什么知识最有价值》一文中,课程是从拉丁语"currere"一词派生出来的,意为"跑道"。随着教育科学的深入发展,课程的意义不断得以丰富,人们对课程内涵的界定各持己见,形成了不同学说。

关于"教学"一词,早在我国商朝的甲骨文中就已经出现了"教"字,也有了"学"字。到20世纪初,人们才对教师的"教"重视起来。新中国成立后,受苏联教育家凯洛夫著作的影响,教学内涵又发生了新的变化。教和学是同一过程的两个方面,彼此不可分割、相互联系。

2. 高校体育课程教学的理念

第一,高校体育课程的定位,着眼于新世纪人才素质的需求,注重以人为本,强调以学生的学习、发展为教学的中心,以"健康第一"作为教学的指导思想。高校体育课程教学以学生的学习、发展为本,在教学过程中,要求学生进行主动学习。倡导学生主动参与、乐于探究、勤于动手,培养学生体育能力和进行体育锻炼的良好习惯,树立终身体育的运动意识。教师在课程教学过程中的作用是引导、帮助学生对高校体育课程知识、运动方法和动作技术的学习。高校体育课程突出学生作为课堂教学的主体地位，重视教师的主导作用，在教学过程中为完成共同的教学任务，实现共同的教学目标进行知识技能的传授、研究和探索。

第二，确立知识与技能、过程与方法以及情感态度与价值观三维度的整合。高校体育课程的教学，要在继承与发扬传统的体育教学成功经验基础上，强调知识与技能、过程与方法以及情感态度与价值观的整合，高校体育课程打破了学科的本位主义，删除了"繁、难、偏、旧"的内容，改变了过于重竞技运动的状况，加强课程内容与学生生活、现代社会和科技发展的联系，让课程回归现实生活。新课程教学注重理论与实践的结合，体育运动与健身方法的结合强调体育锻炼与日常生活的融合，使学生学会学习的方法、养成体育锻炼的习惯、培养终身体育的意识。

第三，综合应用多学科理论进行教学，促进学生身体的健康发展。现代科学发展越来越呈现综合化的趋势，无论是自然科学还是人文科学，各学科之间相互渗透，并产生新的边缘学科。高校体育课程的教学是促进学生生理健康、心理健康及社会适应能力的发展，有效地增强学生体质的过程。全面发展学生的身体素质和基本运动能力，形成良好的运动技能，同时注重在体育教学过程中对学生进行思想品德教育。

要完成上述的教学任务，必须综合运用体育科学、教育科学、人文科学等多学科的理论与方法，促进学生身体的健康发展，有效地增强学生体质。

3.高校体育课程教学的指导思想

"健康第一"的指导思想，不仅给高校体育课程教学改革注入了新的内涵，而且在提升学校体育价值含量的同时，使学校体育的教学目标更加明确。"健康第一"的指导思想改变了过去传统的体育教学"重竞技"，围绕"达标率""合格率"等功利性倾向，以及教学目标与学生学习的脱节现象，使高校体育课程教学与促进学生身心健康共同发展，有效地增强学生体质的目的和以学生为本的教学理念更加贴切。体育教学的指导思想在高校体育课程教学过程中通过各种途径对学校体育教学目标、教学任务、教学内容、教学方法、教学组织形式和体育锻炼过程的体系产生极为重大的影响,是整个体育教育理论的核心。

(二)高校体育课程的教学方法、过程、内容与评价

1. **高校体育课程的教学方法**

高校体育课程教学方法是教师和学生为了实现共同的教学目标,完成共同的教学任务,在教学过程中运用的方式与手段的总称。高校体育课程教学理论与方法的探索、研究与发展,从始至终都遵循教育学、心理学、运动人体科学的原理;遵循教学理论与教学实践相结合的事物发展规律;遵循人体运动知识、技术技能的形成规律。

高校体育教学方法主要研究学校体育教学的基本规律,新课题是促进学生身体的健康发展和有效增强体质、掌握体育知识与运动的规律。从宏观的角度上分析体育教学方法时,我们认为体育教学方法是高校体育课程教学活动过程中,教师和学生为完成共同的体育教学任务,实现共同的体育教学目标过程中使用手段的总称。从微观的角度上分析体育教学方法时,体育教学方法是由各种不同层次、具体性的教学方略、教学技术、教学手段和教学形式等组成的一个系统性结构,包含有多层面的教学技术。

2. **高校体育课程的教学过程**

高校体育课程理念下的教学观强调:教学过程是师生积极参与、交往互动的过程。教学是教师的教与学生的学的统一,这种统一的实质是交往。在体育课教学过程中,强调教师的教以及学生的学所构成的一个有机组合的整体教学结构系统。教师根据学校体育的教学目的、教学目标、教学任务、教学内容与教学要求,通过高校体育课程教学与课外体育锻炼活动等不同的组织形式,将具体的体育基础知识、健身方法、运动技术和练习手段等,有目的、有计划、有组织、系统地传授给学生,逐步培养学生掌握、应用体育基础知识、健身方法、运动技术和练习手段进行运动健身的能力,以及提升学生进行思想、道德、品质的教育。

体育课教学过程的本质是使学生学习、掌握、应用体育知识、健身方

法和运动技术，培养学生良好的运动技能、体育锻炼习惯和体验运动乐趣。高校体育课程教学过程是素质教育的重要途径，高校体育课程教学具有促进学生身体形态、生理机能健康发展的功能，明显地体现在骨骼、肌肉和心血管系统、呼吸系统等方面。

3.高校体育课程的教学内容

教学内容是教师据以进行教学的材料，是教学的主要媒介。体育教学内容是根据高校体育课程教学目标、指导思想、教学任务、学生的学习需要与教师的职业技能，遵循体育教学规律和教学原则来选择教学素材，并且对其进行体育教材化的加工和创造，构成科学的、合理的、适合于社会需求和学生发展的高校体育课程教学内容结构体系。

高校体育课程教学内容是体育教学实践活动的载体，包含了体育教育的基本理论知识、体育健身的方法、运动技术、思想品质教育等体育教学要素和丰富的文化内涵。教师通过教学内容的"教"和学生对教学内容的"学"的过程，使学生学习、掌握体育教育的基本理论知识、体育健身的方法、运动技术，提高身体的运动能力水平和形成良好的运动技能。从体育教育活动实施过程及其对人的发展角度进行分析，高校体育课程教学内容从本质上起到了体育教学实践活动的载体作用。

体育教学素材有两个明显的特征：一是素材来源广泛，内容丰富。二是教学素材之间不具有严密的逻辑性，教材系统结构中每项教学素材内容都具有各自的功能性，由多项教材内容具有的功能性总和构成了能够达成多元教学目标的可能。体育教学内容与竞技运动的区别表现在以下两个方面：一是体育教学内容是根据高校体育课程教学目标、指导思想、教学任务、学生的学习需要与教师的职业技能，遵循体育教学规律和教学原则所选择的教学教材，是以学生身体健康发展和增强体质为教学目的；而竞技运动内容则是以参加竞技比赛，夺取金牌为目的，以运动员掌握、运用运动技术，提高运动竞技能力与水平为运动训练任务，明显存在不同的任务和目的。二是体育教学内容必须根据学生学习的需要进行高校体育课程教材化的改造、组织和加工,而竞技运动内容则是由统一的竞赛规程、规则制定,通常情况下不允许进行改造。体育教学内容与其他教育内容一样随着社会需求的发展而处于不断变化和发展的过程之中。现代的体育教学内容的基本结构体系是随着学校体育和体育运动的发展而逐步形成、改进与完善的。

4. 高校体育课程的教学评价

高校体育课程教学改革的一个重要内容就是以评价促发展,因此评价学生的学习要能够体现学生学习的不同层次水平。高校体育课程教学评价一般包括对教学过程中教师、学生、教学内容、教学方法手段、教学环境、教学管理等诸多因素的评价,但主要是对学生学习过程与结果的评价和教师教学工作过程的评价。评价中依据一定的客观标准,通过各种测量和相关资料的收集,对教学活动及其效果进行客观衡量和科学判定。

高校体育课程教学的评价是依据《新课程标准》所进行的课堂教学研究活动。在教学评价活动中强调高校体育课程教学应以促进学生身心健康发展为根本目的,贯彻"健康第一"的指导思想,要求在全面锻炼身体的基础上,促进学生生理机能、心理素质及社会适应能力等方面都得到健康的发展,为终身进行体育锻炼打下良好的基础。高校体育课程教学的评价通过了解与评估教学各方面的情况,从而判断教学的过程、质量和水平,包括课程教学的成效和缺陷。高校体育课程教学的评价,对教师的教和学生的学都具有极为重要的激励和导向作用。通过评价反映出学生对学习的态度、动机、兴趣、方法及其结果,能有效激励教师的教和学生的学的过程,使师生了解与掌握自己所进行的教学状态及其发展变化情况,提高教学活动的效率,从而获得最佳的结果。

二、学习高校体育课程与教学论的意义、目标和方法

(一)学习高校体育课程与教学论的意义

学好高校体育课程与教学论,无论是对于正在进行的体育教育专业

学习的本专科生、高校体育课程与教学论专业的研究生，还是已经工作在第一线的体育教师来说，都具有重要的意义。体育教学理论基于教育学、体育学和人体发展学等现代科学学科的理论基础，是应用教育学、体育学科理论与人体运动相互结合和相互渗透所形成的一门综合性科学。学好高校体育课程与教学论对于促进其体育教学职业技能的发展，以及提高教师的基础理论水平和组织、实施高校体育课程教学的能力，都具有重要的参考意义和实用价值。

第一，把握高校体育课程教学的基本要素，概括地认识体育教学规律和本质。高校体育课程教学是一个复杂的过程，涉及课程教学目标、任务、内容、方法、组织形式以及学生、教师等方面的因素，是由多层次、多因素所组成的综合体系。

了解与掌握高校体育课程教学的基本规律，清晰而正确地辨别各种教学现象的特征与本质，合理组织与实施高校体育课程教学活动，正确地判断和评价体育教学工作是对从事高校体育课程教学教师的基本要求。我们必须了解、掌握与应用其中的主要构成要素，概括地认识体育教学的规律和本质，全面提升体育教师的专业基础理论水平，从根本上提高体育教师在高校体育课程教学实践活动中发现问题、分析问题、解决问题的体育教学能力。

第二，掌握与应用教学理论与方法，合理运用教学方法组织与实施教学活动。体育教学理论与方法是一门实用性较强的课程，它是在教育学、体育教学论、高校体育课程教学实践的有关理论与方法的基础上，针对高校体育课程的具体情况所进行归纳与总结的一门应用性学科。体育教学理论与方法的实用性主要表现在为学生提供系统教学理论、方法的同时，还为学生提供许多具体的教学活动实例分析，包括学生学习的理论与方法，都作了大量的实例分析和论证。掌握、运用体育教学理论与方法，有利于提高体育教师和体育教育专业的学生的职业技能，提高高校体育课程教学质量。

(二)学习高校体育课程与教学论的目标

在高校体育教育专业开设高校体育课程与教学论课程,学习该课程的目标任务是:使高校学生在学习教育学、心理学的基础之上,进一步比较系统地掌握高校体育课程与教学论的基础知识、基础理论、基本技能和基本方法。

第一,高校体育课程与教学论基础知识方面。①了解高校体育课程的基础知识、新课程理念,掌握高校体育课程目标,学习用新课程的理念和课程目标指导与评价自己的学习与教学实践。②初步掌握高校体育课程的知识内容和结构体系。③初步掌握体育学科特点与教学特点,以及学习该门学科的态度和方法,能从体育学科特点出发指导自己的学习与组织教学。④认识与理解体育教学的一般原理与规律,并用体育教学的一般原理与规律指导自己的学习与教学实践。⑤初步掌握体育教学的常用方法与主要模式,并选择和使用体育教学方法与模式于教学实践中。⑥了解现代先进的学习理论,能用现代学习理论指导自己的学习和教学实践。

第二,体育教学基本技能方面。①掌握体育课堂教学的基本知识和技能。②熟练掌握体育教学设计和教学方法以及各种体育教学策略。③掌握体育教学的组织以及教学手段的运用,能熟练地运用现代教育技术等辅助体育教学。

第三,体育教学、课程开发及教学研究能力方面。①能初步分析教材,设计教案,预设教学过程。②能初步运用课堂教学技能,组织与管理课堂教学。③能分析运用先进的教育思想和教学理论,掌握基础教育课程改革的理念,一对一指导课堂教学。④初步学会运用多种教学评价方式实施体育教学评价。⑤初步学会校本课程开发、高校体育课程与教学资源的开发与利用能力。⑥初步学会选用合适的研究方法,进行体育教与学的初步研究。

第四。体育教师专业情意方面。①赞赏体育教师。热爱体育教师职业,树立献身体育教育的理想。②初步养成良好的教师职业道德和职业习惯,具有做一名优秀体育教师的信心。③具有乐观向上、不断改革和创新体育教育教学工作的远大志向。

(三)学习高校体育课程与教学论的方法

高校体育课程与教学论是一门理论与实践相结合的学科,好的学习方法可以起到事半功倍的效果。掌握基本理论知识、关注体育教学实践、注意拓展学习是学习高校体育课程与教学论过程中的三个基本方法,但这三个基本方法不是彼此孤立的,而是互相联系、统一于实践问题之中的。

1.掌握基本理论知识

理论知识可以帮助我们了解高校体育课程与教学相关问题的理论框架,高校体育课程与教学论的理论知识是在实践中反复探索形成的。学习理论知识时,要注意掌握体育学科的基本结构。位于体育学科基本结构体系中的各种概念、原理、方法和价值观,它们共同构成一个有机整体。

2.关注体育教学实践

理论知识并非空中楼阁,也不是无源之水,而是从实践的土壤中萌发与生长的,不论是理论知识的学习,还是问题的发现与探究,都应该以关注实践为根本指导思想。因此,只有充分关注体育教学实践,才能使高校体育课程与教学理论融会贯通,并在实践的检验中得到不断发展。

3.注意拓展学习

高校体育课程与教学的问题与政治、经济、文化等有着密切的联系,有着自己的特色,但并不能为此而拒绝了解国内外有关高校体育课程与教学问题的现实状况。

第二节 高校体育课程与教学目标

高校体育课程与教学目标是体育教学理论中的核心内容之一,集中体现人们对高校体育课程开发与体育教学设计中的教育价值的理解,是教育目的在高校体育课程中的具体化。

一、高校体育课程目标与教学目标

(一)高校体育课程目标和教学目标的意义

高校体育课程目标和教学目标是高校体育课程和体育教学理论在实践中非常重要的问题。高校体育课程目标是指在一定的教育阶段,力图促进学生身心发展所要达到的预期程度或标准。标准功能是指高校体育课程目标对高校体育课程的检查、评估产生的标准作用。

具体而言,高校体育课程目标有以下主要作用:第一,为高校体育课程内容和体育教学方法的选择提供依据。第二,为高校体育课程与教学活动的组织提供依据,把高校体育课程组织成什么样的类型,把体育教学组织成什么样的形式,在某种意义上取决于高校体育课程的目标。第三,为高校体育课程实施提供依据。高校体育课程的实施过程就是实现高校体育课程目标的过程。第四,为高校体育课程评价提供依据。高校体育课程目标指向的是体育学习中不同方面的"一般反应模式",体育教学目标则指向体育教学过程中的具体行为方式。体育教学目标是指体育教学主体预先确定的、在具体体育教学活动中所要达到的、利用现在技术手段可以测量的教学结果。体育教学目标是课程目标的进一步具体化,并由教师根据有关教育法规、《课程标准》和各方面实际情况制定,是指导教学活动设计、实施和评价的基本依据,对教学活动具有导向、指引、操作、调控、测评等功能。教学目标通常在"单元"或"课"的教学计划(方案)中按照课程目标方面分别陈述。

(二)高校体育课程目标与教学目标的关系

在学校具体的教育实践中,课程和教学是学校教育的两个重要组成部分,也是不可分割的两个部分。高校体育课程目标与教学目标并不是相同的,它们之间既有联系,又有区别。高校体育课程目标和教学目标有以下联系:第一,相对于各级各类学校培养目标和学校体育目标而言,高校体育课程目标和教学目标都是子目标,体育教学目标的制定与高校体育课程目标的制定都必须以学校培养目标和学校体育目标为依据。第二,高校体育课程目标与教学目标之间有着纵、横两个方面的联系。高校体育课程目标的实现有赖于体育教学目标的实现,或者说高校体育课程目标是确定体育教学目标的重要依据。第三,高校体育课程目标和体育教学目标之间有一个衔接点,这个衔接点就是高校体育课程的水平目标和体育教学的学年教学目标。学年体育教学目标实现了,高校体育课程的水平目标也就实现了。

二、高校体育课程与教学目标的结构与制定

(一)高校体育课程目标的结构

高校体育课程目标是有层次结构的,不同的层次结构发挥着不同的功能。对同一层次的目标而言,还存在着不同学习方面和学习水平的区分。

1. 高校体育课程目标的纵向层次

高校体育课程目标在垂直向度上具有层次性、线性、累积性的特点。有的学者认为,根据课程目标的不同层次关系,可以依次将课程目标区分为以下不同的层次:课程的总体目标——教育目的;课程的总体目标的具体化——培养目标;学科领域的课程目标;学科领域的课程目标的具体化——教学目标。各个层次目标像一个"金字塔"一样累积起来,顶层目标是抽象的、整体的、普遍性的目标,底层目标是具体的、分化的、特殊的课程目标,底层目标逐步达成之后,课程总目标也就得以达成。高校体育课程目标体系由高校体育课程的总目标、高校体育课程的学习目标、高校体育课程的水平目标和体育教学目标四个纵向层次构成。

高校体育课程的总目标面向某个教育阶段的全体学生,是特定教育阶段大多数学生通过自己的努力都能够达成的体育学习目标。

2. 高校体育课程目标的横向关系

课程目标的横向关系实质反映了各种目标的区分及其相互关系。像教育目标这一层次上，我国通常用德、智、体或德、智、体、美、劳来划分目标领域。无论怎样划分目标领域，各领域对总的目标来说都应当具备逻辑上的合理性，它们彼此之间相互关系。虽然可能是并列和平行的，但它们之间必须是一个相互联系的整体。

3. 高校体育教学目标的层次

学年体育教学目标、单元体育教学目标、课时体育教学目标建构了体育教学目标体系的纵向系列。上位目标与下位目标相互呼应、彼此衔接，在体育教学活动中引导着学生的发展方向。

学年体育教学目标是根据"学段体育教学目标"确定的，是对该学段内每个学年体育教学活动的分解与不同要求。学年（学期）体育教学目标，在性质上属于计划性的，通常根据高校体育课程的总目标和水平目标的要求、各个学校的实际、学生的兴趣与爱好及高校体育课程内容的特点等来制定，一般出现在学校的体育教学计划中。

单元体育教学目标。单元是指各门课程教学中相对完整的划分单位，反映着课程编制者或教师对一门课程及其概念体系结构的总的看法。单元体育教学目标，主要依托各个高校体育课程内容，如某个运动项目的特性来制定，即不同高校体育课程内容的不同价值、功能、特点等，决定了其教学目标也是不同的。

课时体育教学目标，也称为体育课堂教学目标，在性质上属于操作性的，是最微观层面的体育教学目标。课时体育教学目标，是由每堂体育课具体的教学内容以及学生具体的学习特点和需要所决定的，同时还要考虑一堂体育课的具体教学时空情境和条件（或具体的体育教学环境）等因素，其体现在体育教师的教案中。体育教学目标是一所学校在确定高校体育课程实施方案并制定单元为基础的全年教学计划后，由任课教师制定的，是教师制定学段体育教学目标、学年（学期）体育教学计划、单元计划和课时计划的依据。一堂课是最基本的教学单位,却不一定是一个完整的基本教学单位,因为一堂课不能把一个教学系列完整地教给学生,有时只完成其中一部分。现代教学理论对学生在体育教学中的认知性学习越来越重视,而作为认知性学习基础的发现式学习法或假说验证式学习法都是一个较长的学习过程。因此,我们认为单元教学的改革是现阶段我国体育教学改革的重要突破之一,在改革的新形势下我们应当更为重视单元教学计划的构建和单元教学目标的制定。

(二)高校体育课程目标的制定

1. 高校体育教学目标制定的依据

学校体育的功能影响着体育教学目标维度的确定和制定,应突出其增强体质、促进身心健康、发展体能的本质功能。随着对学校体育多向功能的挖掘,教学目标的维度也将趋向多元化。学校体育目标体现了我国的教育体育有关方针和政策的根本精神,是制定体育教学目标的重要依据。每一上位目标都是其下位各层次目标的累积,每一下位目标必是其上位目标的细化,因此,制定教学目标时,应以上位目标,包括学校体育目标为依据。体育教学目标的制定必须立足于对教学内容的认真分析,确定教学的重点和难点为建立体育教学目标奠定基础。体育教学的对象是学生,体育教育目标必须根据青少年生长发育的不同阶段、不同时期身心发展的特点及共同规律提出相应的目标。需要说明的是,目标的制定在考虑学生群体的特征时,还应充分考虑学生个体的差异性,使每个学生得到充分发展。教学条件是制约体育教学目标实现的重要因素。当前,各级各类的学校、城市与乡镇的学校,甚至同一地区的不同学校,条件都千差万别,发展不平衡。制定体育教学目标时,必须从实际出发充分考虑学校的客观条件以便使所设计的目标更符合实际,更具有可行性。

2. 体育教学目标制定的原则

科学性原则。体育教学目标的科学性体现在:要体现体育学科的特点;要全面包括各个学习方面;根据教材的特点,突出重点和难点;具体、明确、可操作;难度要适中五个方面。

灵活性原则。体育教学目标可以由师生根据体育教学实际情况灵活制定,其内容和水平可以有一定的弹性。灵活性的体育教学目标可以更好地适应学生的学习特点,使其通过体育教学目标的实现而获得身心方面更有利的发展。

可测性原则。体育教学目标是对体育教学过程中学生身心发展状况的明确、具体、恰当的描述,而这种内心发展的状态是利用现有技术手段可以进行定性或定量测量的。

发展性原则。体育教学的效果最终要落实并体现到学生的身上。体育教学目标的制定,要着眼于学生现有的发展水平和学习需要,又要放眼未来,使学生升入下一阶段学习或将来走向社会健康地成长成才,获得健康完满的生活,并有能力从事终身体育。

3.体育教学目标制定的要求

要反映体育教学的发展趋势,从实际出发,考虑需要与可能。制定体育教学目标要从实际出发。全面准确地掌握学校体育教学内部与外部条件及环境,将需要与可能结合起来,才能制定出科学的体育教学目标。制定体育教学目标时要系统把握,整体协调与衔接。体育教学目标应具有整体性、注意不同层次和序列体育教学目标的协调与衔接。体育教学目标只有形成一个纵横连接的网络系统,才能充分发挥体育教学目标的系统功能。制定体育教学目标时,体育教学目标的表述要明确、具体、可量化。体育教学目标明确、具体、可量化,有利于加强体育教学工作的计划性,为体育教学实施,特别是检查与评价体育教学工作奠定基础。体育教学目标必须分解成细致的操作目标,才可使教学目标的要求落到实处。所以,体育教学目标的细目分解直接关系到体育教学效果的优化和体育教学质量的提高,每个体育教师都应该具备细目分解的能力。体育教学目标要有一定的弹性。体育教学目标受多种因素的影响制约,而诸多因素都在不断变化,保持体育教学目标的稳定性是相对的,而体育教学目标的发展、变化是绝对的。

第三节 高校体育教学价值观与目标思考

一、高校体育教学价值观概述

从一定的角度来说,体育的历史就是体育观不断变革的历史。体育是什么?体育对个人和社会的发展有什么意义?对此问题的看法就是体育价值观。

(一)关于体育价值观的基本认识

体育的发展过程是对体育价值的认识逐步深化的过程。它的发展历程与体育功能的扩展和对体育价值的认识的逐步深化总是紧密联系在一起的。从心理学的角度考察,人的所有行为的产生都有其心理依据,而需要是诱发动机和产生行为的动因。因此,人们为了改善生存和生活条件,就必须传授和提高这些技能,这时体育的价值就开始显现出来,由此可见,体育的产生与体育的价值是密切相关的。

社会化程度的提高扩充了体育的价值。随着历史的进步、社会化程度的提高,人们的需要逐渐从低层次向中等层次发展。在满足这些需要的过程中,体育始终扮演着非常积极的角色,展现了它特有的价值。在几千年的中国历史中,虽然体育的发展也遭受过一些挫折,但它总是以其特有的魅力而保持着持续发展的势头。汉代末年,名医华佗还根据人体经络和血脉流通的机理,模仿虎、鹿、熊、猿、鸟的动作,创编了五禽戏,把医学和体育有机地结合起来,充分体现了体育保健和健身祛病的价值,进一步扩充了体育的价值。

社会文明程度的提高,使体育价值得到了更充分的体现。随着社会文明程度的提高,人们在工作中减少了身体活动,体力劳动强度降低,脑力劳动强度提高,许多"文明病"应运而生。为了适应社会的竞争,提高生活质量,人们的体能需要保持,绷紧的神经需要松弛,所有这一切都可以借助体育得到解决。

两种体育价值观的比较:体育的变革在很大程度上都是体育价值取向的调整。这两种价值观都承认以体育动作为手段,可以实现体育的直接目标和间接目标。它们的主要分歧是:价值取向侧重于社会目标,还是满足行为主体的需要。

手段论价值观和目的论价值观的价值取向。手段论价值观认为:运动的目的是以运动为手段来培养社会所需要的人才,体育教学必须根据国家提出教学目标的需要来确定教学内容和设计体育方法体系,其价值取向的重点是因国家需要而规定的社会目标;目的论价值观认为:运动的目的在于运动自身和以运动为手段,使作为运动主体的人得到满足。因此,在教学中就必须根据学生的需要提出教学目标,确定教学内容和设计体育方法体系,使教学手段与教学目标相一致,教学目标与主体需求相统一,这与当前教育界提倡的素质教育思想是吻合的。

手段论价值观和目的论价值观基本内涵的比较。手段论价值观和目的论价值观的主要分歧在价值的取向上,其焦点在于:侧重满足社会需要,还是满足作为行为主体的学生的需要。在行为主体的地位上,两种价值观也有所不同。目的论价值观认为:学生是体育教学活动的行为主体,教学活动要以满足学生的需求为目的。

在个体的发展方向上,两种价值观存在着类似于科学主义教育思想和人文主义教育思想的差别。手段论价值观关注的是运动技能的掌握和合理的运动负荷的影响。而目的论价值观恰恰涵盖了手段论价值观所忽略的范畴,不反对掌握适宜的运动技术、技能和承受合理的运动负荷。

在教学内容的选择上,手段论价值观强调的是体育内容自身的逻辑关系,奉行按部就班,讲究全面系统、整齐划一。目的论价值观在教学内容体系的构建上,主要是从学生的学习需求出发,根据学生实际和教学目标选择教学内容。

在课程结构上,因为手段论价值观追求运动技术的掌握和技能的形成,强调合理的运动负荷,所以课程结构比较固定,组成课程的各个部分比较规范。而目的论价值观在学生掌握知识技能的基础上,重视态度和情意的培养。

体育价值观的选择。体育作为教育的一个组成部分,它的价值观的选择要受到教育思想的指导和约束。根据素质教育的内涵,在体育教学要求上,我们应该如何做呢?①要面向全体学生,使所有学生的健康水平都能够得到提高、身心素质得到发展。②突出全面性。③突出主体性。给学生更大的活动空间,使之在兴趣爱好的培养、人格的完善、特长的发展等方面拥有充分的主动性,真正发挥他们的主体作用。④要突出发展性。奠定身心健康发展的基础,形成终身体育的能力。

从素质教育对体育的要求,我们不难看出,目的论价值观与素质论教育观更为吻合,这是我们今后学校体育的正确方向。

(二)体育教学的基本价值内涵

1. 从知识形态的转化来看体育教学的基本价值

通过教学活动使学生获得了他人总结的知识,这是古今中外一切教学活动的共同特征,也是实现其他教学价值的基础。这些需要教师根据学生的实际去挖掘、剖析,使之进一步升华。

2. 从教学的功能看体育教学的基本价值

体育教学的功能主要体现在两个方面:一是继承的功能。二是有效地促进学生身心的发展,具有发展功能。从教学的功能来看,体育教学的基本价值在于使学生获得知识、发展能力、形成良好的品格结构和掌握科学有效的方法。

3. 从素质的构成看体育教学的基本价值

构建学生相对完备的素质结构,是教学活动最根本的价值。人们把人才素质归结为德、识、才、学、体五个方面。其实,上述方面都不是孤立存在的,它们相互之间有着互相渗透甚至互相包容的关系,有些甚至互为

第一章 高校体育教学综述

条件,它们组成的基本因素归根结底还是知识、能力、品格和方法几个方面。体育教学作为一个发展身体,增强体质,传授锻炼身体的知识、技能、技术,培养道德和意志品质的教育过程,它在学生素质构建中除了具有其他教学活动共有的功能外,还为学生科学锻炼身体提供理论和方法的指导,使其增强体质、提高健康水平,是其他学科所不能替代的。因此,体育教学对于学生素质构建的价值也是非常重要的。

(三)现代体育教学价值的形成特点

体育教学能对人的生存、生活、发展和社会进步产生积极的影响,这是体育教学的价值所在,这些因素互相联系、互为条件,在体育教学过程中转化为过程价值,在教学结束后凝结成终极价值,从而使体育教学的价值得到完整的体现。

1. 体育教学价值的形成规律及内部关系

体育教学价值的形成规律实质上就是体育教学活动的规律,即体育教学过程中内在的本质联系。在这个过程中,学习必要的体育知识,树立正确的体育态度是形成教学价值的基础,它是通过认知来实现的。具备基本的体育能力是形成教学价值的重点,它是终身体育的基本条件,它的实现过程是一个有目的、有计划的培养过程,能力价值的实现有利于学生有效地进行自我锻炼,以促进身心的不断完善。体育教学的另一个重要价值是道德品质的养成和情意的发展,它的实现是一个潜移默化的过程。思想品德的养成和情意的发展,有助于前几项价值的实现,也有利于健康心理的形成。它们之间既有联系,又各有侧重,它们有机地协同和复合,才能促进体育教学价值的完整实现。

2. 体育教学价值的形成过程与特征

从体育教学的特点来看,体育教学的价值可以分为过程价值和终极价值。过程价值以终极价值为指导,而终极价值则是过程价值的集中表现。

体育教学的过程价值的形成。体育知识是一种复合形态的知识,许多体育知识的获得,必须通过感性的体验来予以验证和强化,因此,体育知识价值的实现依赖讲授和实践的紧密配合。方法价值具有手段的特征,从体育教学价值实现的主体学生的角度来看,它主要侧重于学习方法和身体锻炼方法。学法是在教师的指导下,由学生根据主体需要、主体特征、主体认知特点去认识事物的途径。思想品德价值是体育教学的重要价值之一,它与其他各科教学具有共同的价值取向,都是为个体的社会化提供明确的指导。品质的形成需要主体认识、情感意志和行为三个方面的协同发展。综上所述,体育教学的过程价值是体育知识的认知、体育能力的培养、体育方法的训练和良好品质的养成。

体育教学的终极价值的实现。体育教学的终极价值是通过体育教学的过程价值的升华而实现的,它主要体现为掌握体育知识技能,树立终身体育观念,为终身体育打好基础,完善人格个性,发展身心素质,提高健康水平,能与社会所需人才的相关素质结构相适应。因此,教师必须树立正确的体育教学思想和终极价值观念,并采用合理的教学设计,把价值观念融合在教学指导思想的教学行为之中,通过教学过程价值的形成,最终凝结成终极价值,以满足自身和社会发展的需要。

体育教学过程是一个体育教学价值凝结的过程,也是一个人才的相关素质形成的过程。体育教学最高的价值就在于共建良好的人才素质结构,这是体育教学最根本的价值观。这既是一个促进学生身心发展、提高健康水平、满足学生和社会需要的过程,也是一个为学生和社会的进一步发展奠定基础的过程,因此,体育教学的价值也在促进学生身心发展方面具有双向促进作用。

二、高校体育教学目标的结构与制定

(一)高校体育教学目标的结构

1. 体育教学目标与体育学科功能、价值的关系

体育学科的多功能。功能取决于事物的性质和特点,同理,体育学科的功能来自体育学科自身所具有的性质和特点。

体育学科的价值。由于体育学科具有多样的功能和特征,使得体育学科具有了多方面价值取向多样性。虽然体育学科的功能是相对稳定

的,但在不同的历史背景下和不同的国度中,体育学科的各个功能被不同程度地加以利用,体育学科被赋予各种各样的价值,此时,体育学科有些功能可能被忽视,这方面的价值也难以实现。

当然,人们在注重追求某种体育功能并努力实现某种体育价值时,也并不是绝对单一的,在多数情况下,人们同时追求多种体育的功能,只不过是更注重、更强调某个功能而已。

体育教学的目标。不同时代的体育教育都有着独特的目标体系,这些目标是当时的社会对体育价值取向的具体化,也是对体育功能及重要性的认识。所以,无论是哪种体育形态,其体育教学的目标通常都不是一个,一般说来,从体育教学的第一目标的设定就可以大致看出该体育形态的价值取向,当然目标顺序与价值取向不完全吻合的例外也有。

2. 体育教学目标、体育学科的功能及价值之间的关系

功能是一个事物固有的、客观的属性;而价值是外赋的、主观的属性;目标则是根据功能进行价值取向后的行为效果指向。功能是事物固有的和客观的属性,而价值是外赋的和主观的属性,也就是说,一个事物即使具有这个功能,而人们如果没有看上这个功能,也不会把这个功能的实现作为目标;相反,一个事物不具有这个功能,即使人们非常希望通过这个事物实现这个功能,也是无济于事的。体育学科的功能不会有大的改变,但不同的社会和不同的历史阶段会有不同的体育价值取向,因此体育教学的目标会随着社会的变化与发展产生相应的变化。

3. 体育教学目标的外部特征

体育教学目标的外部特征是:属于体育教学目标内容以外的,但对体育教学目标内容具有规定性的那些特点及其标志。首先,体育教学目标是由多个层次的目标组成。所谓体育教学目标的功能与特性,是指各个层次的体育教学目标都有其独特的"功能"和"特性"。如果不明确各层目标的功能与特性,这层目标就会与其他层目标相混淆。我们也可以把"目标的功能与特性"理解为"目标的定位"或"目标的个性"。各层体育教学目标有着各自要解决的问题,因此各层的目标就有自己独自的"着眼点",

就是"围绕着什么来看目标"和"围绕着什么来写目标"的视角。学段体育教学目标面临许多的运动教材,因此不可能围绕某一个运动技能来写。单元体育教学目标是学段目标的下位目标,它也不可能围绕学段的发展来写目标,而它面临最清晰的对象是"在这个单元中,利用这个运动教材应该发展学生什么,能发展学生什么"。

4. 合理制定体育教学目标的意义

合理制定体育教学目标的意义主要体现在以下几个方面:①充分发挥体育学科教学的功能。只有合理地制定了体育教学目标,才能明确要实现哪些体育教学的功能。如果乱定体育教学目标就不能充分发挥体育教学的功能,使目标偏离了体育教学的基本功能,也就无法发挥好体育教学的主要功能,使得体育教学的质量大为下降。②保障实现体育的教学目的。只有合理地制定了体育教学目标,才能稳妥地实现体育教学的目的。如使学生的体格强健是健身目的的标志;使学生每个单元每节课都能愉悦身心是促进学生运动参与的标志等,体育教学目标是体育教学目的实现的标志。③确保目标层层衔接,最终实现总目标。如果定错了阶段体育教学目标,就使得阶段体育教学目标的总和不能等于总的体育教学目标,那么就意味着总的教学目标没有完成。正确地制定好各个层次的教学目标,是最终实现总目标的可靠保证。④明确和落实体育的教学任务。体育教学目标决定着具体的体育教学任务。因此,要有具体的体育教学任务来支撑目标的实现。好的目标有助于明确教学任务,体育教学目标是"的",体育教学任务是"矢",有了明确的目标,教学的任务才能"有的放矢"。⑤指引、激励教师的教与学生的学目标反映了人的愿望和努力方向。虽然体育教学目标并不完全是由任课教师和上课学生群体制定的,但合理的体育教学目标必定充分反映着教师的努力方向和学生的学习愿望。有一套科学合理的体育教学目标必定可以指引教师的工作,必定可以激励学生学习。

体育教学目标为教师指明了体育教学工作的预期成果,使他们清楚地知道自己工作的努力方向。在体育教学目标实现的过程中还会使教师受到鼓舞,克服过程中的困难,促使教师去发现和解决问题。所以明确、具体而切实可行的教学目标,可以指引教师努力地工作。学习目标的不断实现会使学生受到鼓舞,使学生受到鞭策,明确、具体而切实可行的教学目标可以激励学生努力地学习。

(二)高校体育教学目标的创新发展

1.中国体育教学目标系统的发展

多年来,可以说中国一直只有比较笼统的、指令性的"体育教学目的",衡量体育教学质量也一直是依据《体育教学大纲》的要求进行的,各学段和各年级的教学任务也分不出阶段的层次。因此,21世纪以前的《体育教学大纲》以及《全国普通高等学校高校体育课程教学指导纲要》等教学文件中的目的和任务对体育教学的指导意义不强。归纳过去的体育教学目标系统的问题主要表现在以下几方面:①体育教学目的的表述不明确。②技能掌握和身体锻炼的教学任务不甚清楚。③各级学校的体育教学目的和任务之间的衔接不好,明显存在着体育教学目标区分度不高的问题。④各级各类学校的体育教学目的和任务的重点不明确和缺乏特色。

中国体育教学目标系统发展始终面临的另一个问题就是怎样完成社会对体育教学的期待和要求。多年来,中国体育教学目标系统基本上反映出中国社会发展和学生个人发展对体育的要求。如何不断将时代对教育和体育的内在要求包容在体育教育目标中,是中国体育教学目标系统亟待研究的课题。

2.中国体育教学目标系统的完善

自20世纪90年代后期以来,中国对高校体育课程进行了大幅度的改革。根据国家教育改革的总体要求,中国体育教育逐步向体育与健康教育转轨。体育教学体系涉及体能、知识、技能、兴趣、爱好、习惯、心理、交往合作、生活方式、生活态度等诸多方面的教育目标,并将各个教育目标分为五个领域,分出层次。中国新一轮的高校体育课程和教学改革,为重新思考和建立中国体育教学目标系统提出了要求并开辟了道路。新课标的目标方案中必然存在一些不足,也面临着新的课题。

科学的体育教学目标系统的确立,必须遵循体育和教育的自身规律,要以"体"为对象,以"育"为目的,以身体锻炼为特征。符合体育的特质和内在价规律的体育教学目标系统,才会有助于形成对人产生价值和教育影响的体育教学,才能体现体育文化与教育的完美结合。可以预见,有关中国体育教学目标系统的研究必将随着新的体育教学改革,随着体育教学基础理论的不断完善而更加深入。教学目标朝着更具时代特征,更反映社会要求、更体现目标特点、更能指导教学实践的方向发展,是未来中国学校体育教学目标系统不断努力的方向。

第四节 高校体育教学内容结构体系的构建

体育教学内容是体育教学大纲规定的学习范围。我国体育教学内容包含理论和实践两部分。教材是一个知识技能体系,是联系教师和学生的中介,是学生主要的知识来源,也是学生身心发展的基础。

一、高校体育教学内容的结构特征

体育教学内容的结构是指体育教学中特定的内容之间的分工配合。它必须既能满足社会的需要,又能满足作为教学主体的学生的需要。换句话说,就是学生对能满足自己需要的教学内容才能产生兴趣。因此,教学内容的优化组合是体育教学内容结构中的关键,而社会需要是社会对教育目标的要求。社会需要和学生主体需要具有统一性,但它们在满足的层次上、时间顺序上是不一致的,我们必须把握体育教学内容结构的基本特征。

(一)体育教学内容结构的目的性

体育教学内容结构具有明显的主观目的性:当客观的需要和主观目的相一致时,所建立的体育教学内容结构才是合理的。首先,在不同的学习阶段,学生对体育教学内容的需要是不一致的。其次,体育教学的内容结构要有利于学生形成合理的认识结构、技术技能结构、能力结构和体育方法结构。

(二)体育教学内容结构的联系性

体育知识和运动技能的种类是极其丰富的,任何体育教学内容结构都只能包含其中的一部分。通过这些内容的教学,可以有效地扩大知识范围,打下良好的体育运功技术技能基础并建立良好的能力结构,为学生进一步的发展创造条件。体育教学内容结构的联系性表现在以下方面:第一,具有横向特点的广泛性。身心的发展要求是全方位的,既包括保健、营养、卫生、锻炼原理、竞赛规则等基本知识,又包括促进身体发展的各种运功技术技能和练习方法。第二,具有纵向特点的复合性。体育教学内容要随着学习的进行逐步深化,这是教学的基本规律。但是体育教学目标是多元化的,它的实现依赖多种教学内容的综合效应。复合性和广泛性的结合,可以提高体育教学内容结构的全面性和协同性,教学内容的广博性和教学内容之间的联系性对于学生创造性的发展也是非常有利的。

(三)体育教学内容结构的相容性

体育教学内容结构的相容性表现在体育教学内容结构内部相互渗透、彼此贯通。作为一个知识结构,体育教学内容结构应该是纵向联系、横向相关的,这种结构内部互相关联的特性,必然要求不同的内容之间彼此相容。体育教学内容结构的相容性使教学内容的选择具有更大的灵活性,体育知识技能具有更强的综合性。

(四)体育教学内容结构的动态性

体育教学内容结构要跟上体育科学的发展步伐,符合社会发展的需要,就必须具有动态性。这些新的知识必然要及时在体育内容结构中反映出来。社会对人才素质的要求是不断变化的,如现代社会的快节奏、高竞争性的特点,对人才的竞争力、创造力和良好的心理素质有了更高的要求。因此,体育内容结构总是处在一个动态的变化之中。

(五)体育教学内容结构的实践性

体育教学内容以实践为主,这是由体育的本质属性所决定的。活动性内容应以在实践过程中对身心健康水平的良性影响为依据。换句话说,就是要考虑它对体育教学目标的贡献,使之既能产生教学内容体制改革具有的个别优势,又能形成多种内容结合而成的结构优势。

二、高校体育教学内容选择的原则

体育教学内容非常丰富,而真正作为教学内容的,仅仅是其中的一部分。我们应该遵循以下原则。

(一)实践性和知识性相结合的原则

实践性和知识性相结合是由体育的本质属性所决定的。通过实践,要使身体的大肌肉群得到活动,各内脏器官系统得到锻炼,同时体验到体育的乐趣,这些都是以体育教学内容作为媒介来实现的。知识性主要体现在为什么做、怎么做和为什么要这样做上,这固然要通过基础理论内容来讲授,但更多的是在实践中体验、理解,并通过运用来强化。体育教学内容发挥的作用就是将实践与知识连接起来。

(二)健身性和文化性相结合的原则

健身性是体育教学区别于其他教学的显著特点。文化是人类认识世界、改造世界和适应环境的产物。健身性和文化性相结合,就是体育教学内容既具有良好的健身价值,又具有丰富的体育文化内涵。

(三)民族性和世界性相结合

体育的形式和内容总是与一些国家或地区的民族文化传统和民族习俗有关的。如我国的武术、希腊的马拉松、欧洲的击剑等,无不具有鲜明的民族色彩。体育教学内容仅强调民族性是不够的,任何民族,无论多么优秀,在发展过程中总会受到来自方方面面、形形色色因素的约束,总会具有一定的片面性。因此,体育教学内容必须体现出民族性和世界性相结合,即要在保留优秀的民族体育内容的基础上,充分吸取来自世界各民族的优秀体育内容,将它们融合在一起,使之形成一个优势互补、功能齐全的体育教学内容体系。

(四)继承性和发展性相结合

继承优秀的传统文化是教学的重要功能。体育教学内容的选择无疑是要吸收我国历史悠久的传统体育内容,这就是体育教学内容的继承性特点。文化的继承是有选择的、批判性的,对于传统体育内容,我们在有选择继承的基础上进一步丰富其内涵,在保留其原有特点和精华的前提下剔除那些不健康的东西,使其更具有时代气息,这就是体育的发展性特点。

(五)统一性和灵活性相结合

体育教学内容要面向全体学生,它必须有基本的要求,有一个相对统一的标准,使体育教学有一个较为规范的目标。我国地域辽阔,各个地区的条件不一致、发展不平衡,教学的相关基础不在同一起点。即使是处于同一个教学阶段的学生,也会表现出明显的不同特点,因此,教学内容必须根据教学条件和学生特点,兼顾统一性和灵活性,才能有利于促进学生身心全面发展。

第二章 高校体育教学内容

第一节 高校体育教学内容的选择与开发

教学内容是体育教学最重要的构成要素之一,是连接教师与学生的重要载体。如果没有教学内容,教学活动就无法正常进行;如果教学内容的选择和使用不够科学,就会直接影响预期教学效果的实现,也就不能完成体育教学任务和体育教学目标。由此可见教学内容的重要性。本章围绕体育教学内容展开论述,对体育教学内容的基本知识、选择、加工及开发,教学内容体系构建以及现阶段体育教学内容的改革与发展进行系统研究,为科学构建现代体育教学内容体系,促进体育教学内容的发展完善提供理论指导。

一、体育教学内容概述

(一)体育教学内容的概念

体育教学内容,是实现体育教学目标的重要物质载体,主要是指在体育教学过程中对体育知识和技能体系等方面的选择和运用。教学内容从书面知识变为学生的知识积累和运动技能提高,这一过程要以体育教学目标为指导,通过合理的教学方法和教学组织在一定的教学环境中进行转化,这一转化过程的所有内容就是教学内容。

可以通过以下几个方面深入理解体育教学内容:第一,体育教学内容是教学的材料和依据。在体育教学实践中,教师对体育教学内容的选择要以实现体育教学目标为指导,根据自己的教学经验和对体育教学的理解,从众多体育教学材料中选出最佳的、最能实现教学目标的内容,体育教学内容是教师从丰富的体育文化知识和技能理论当中精挑细选而来的。第二,体育教学内容在教师与学生中间扮演着中介和媒体的角色,是教师和学生之间的信息交流。第三,体育教学内容制约体育教学方法和教学手段的选用。第四,体育教学内容决定体育教学的效果和体育教学目标实现的程度。

(二)体育教学内容的特点

第一,教育性。体育教学内容的教育性表现在通过体育教学内容的学习,能实现体育教学功能,促进学生的知识、技能、生理、心理、社会适应能力的发展,对学生的道德品质有正面引导作用,能使学生成为更健康、完善发展的人。在现代体育教学内容中,其教育性可以通过以下几个方面进行充分的阐明:促进受教育者身心发展、摒弃落后危害活动、活动冒险性和安全性的统一、广泛的适应性、避免过于功利性。

第二,实践性。体育教师将体育教学内容传授给学生,主要是通过学生的身体练习进行的。体育教学内容最大的特点其主要构成是体育运动项目以及相关的身体练习,所以其实质上是身体运动的一种实践,而其他教学内容都不具有这种特质。从本质来看,体育教学内容的学习并不单单是学生大脑思维的活动,不仅需要学生对教学内容进行理解,通过学生的思维活动解决其懂与不懂、知与不知的问题,还要通过学生实际从事运动学习和身体锻炼,使学生在身体运动中体会肌肉本体感觉的形成与动作记忆,解决其会与不会的问题。而后者的身体实践是体育学习的主要内容和形式。

第三,健身性。体育教学内容主要围绕体育展开,并通过学生的身体练习和实践实习,因此必然具有健身性。体育教学内容健身性具体是指学生学习体育教学内容,参与体育锻炼,在此过程中,通过身体承受一定量和强度的运动负荷,为学生提供了体能增强以及健康增进的可能性,使身体素质得到提高和改善。增强学生的体质是体育教学内容健身的具体表现。体育教学内容的健身性的科学实现必须建立在科学控制学生身体练习的运动负荷基础之上,对运动负荷的科学安排与控制要符合学生身心发展特点,符合教学内容的基本要求和范围,否则体育教学的健身性就不能实现,并且还会对学生身心产生不良影响。

第四，娱乐性。早期体育运动具有娱乐性，娱乐性是其起源和产生的根本原因。现代体育教学内容为各项体育运动，这些体育运动多源于运动游戏，故具有较强的娱乐性。在体育教学中，体育教学内容的学习方式往往是运动学习以及运动比赛，这是实现体育教学内容的重要和有效途径。这些运动之所以具备乐趣，就是源于运动学习和运动竞赛过程中存在的诸如竞争、合作、表现欲等一系列的心理过程。在这些心理过程中就能够在很大程度上体会到乐趣，从而有助于提高学生体育学习和参与的兴趣。

第五，人际交往的开放性。体育教学内容有很多，但大多数内容的主要形式是集体性活动，与其他学科教学内容相比，体育教学内容的实现过程中师生之间的交流与交往更加频繁，师生之间的人际交流更加开放，这对于学生良好社会适应能力的提高具有重要的促进作用。具体来说，在体育教学实践中，学生参与体育教学活动主要是以集体为单位的活动形式来进行的，而以集体为单位的运动需要以团队间每个成员位置不断变动的方式进行。因此，体育教学中人员之间的沟通和交流会非常频繁，师生及学生之间的人际交流呈现出开放性特征。通过体育教学内容的学习能够帮助学生有效地提高社会适应能力。

第六，非逻辑性。和其他学科相比，体育教学内容复杂，各具体的内容之间并无必然的先后逻辑顺序，甚至彼此之间可以相互代替。如先进行田径教学与先进行球类运动教学并没有任何影响，而且不同的教学内容可以实现同样的教学效果，如提高学生的身体素质、培养学生的团队意识等。教师可以自由选择不同的教学内容，不必考虑各内容之间的逻辑顺序。体育教学内容的排列并不是直线递进式的，而是复合螺旋式的，它是由众多的相互平行的身体练习和竞技运动项目组成的，不同体育教学内容可以相互替代，如体育教学中对不同运动项目，以及身体练习的选择。体育教学内容的非逻辑性使体育教师在教学实践中有更多的选择，也正是因为这种选择自由性的提高，要求教师必须能准确判断哪部分教学内容最有利于促进学生发展、最能实现体育教学效果，因此这种选择的难度也增加了。

第七,规定性。所谓规定性,具体是指体育教学内容的实现具有体育教学条件的规定性,如一些教学活动需要借助一定工具、器械进行,需要在规定的场地、设施内进行。游泳、滑冰等对运动环境和气候也有一定的要求。如果这些教学内容离开特定条件、空间、环境等,就会发生质的变化,教学内容也可能将不复存在。

二、体育教学内容的层次与分类

(一)体育教学内容的层次划分

根据学校体育教学内容的产生,可以将体育教学内容的层次进行宏观和微观层次的划分。

1. 宏观层次

在我国教育系统中,学校基础教育课程模式将从单一的模式转向多元化的发展。以这一基本思想为依据,从宏观层次来看,体育教学内容主要包含了上位层次(国家课程和教学内容)、中位层次(地方课程和教学内容)和下位层次(学校课程和教学内容)三个层次。

首先,上位层次(国家课程和教学内容)。国家课程和教学内容是体育教学的上位层次,体育教学内容是由国家的教育行政部门统一规定的,各个地方学校必须服从,体现出一定的强制性。对我国基础教育教学质量的好坏有着决定性影响。国家课程和教学内容充分符合国家意志,能够使学生在接受基础教育之后达到我国的预期体育素质,在体育方面成为一个合格的公民。国家在体育课程和教学内容的开发上,依据的通常是不同教育阶段的性质与培养目标,通过这些因素对体育课程标准等方面进行制定,从而编写出符合实际的教学内容。这些因素在我国基础教育体育课程框架中是作为主体部分而存在的,它无论是涵盖的内容,还是占的课时比例,都比地方课程和学校课程的内容和课时占比多。

其次,中位层次(地方课程和教学内容)。地方课程和教学内容是体育教学内容的中位层次,具体来说,它是针对国家规定的各个教育阶段的体育课程内容来进行开发的。地方课程教学内容体现了与教学的具体实际情况(政治、经济、文化、民族等)的适应性,该部分教学内容的开发者大多为省一级的教育行政部门或授权的教育部门。地方课程和教学内容可以使地方体育教学资源得到充分的利用,与当地的教育发展情况紧密结合起来,体现出一定的地域性特点。

最后,下位层次(学校课程和教学内容)。学校课程和教学内容是教学内容的下位层次,是与体育教学最接近的一部分教学内容,决定了学校体育教学的最终实施。学校课程和教学内容具有多样性和选择性的特点,其主体是体育教师,它以国家课程和教学内容、地方课程与教学内容为前提进行具体实施,并将科学评估本校学生的特点和需求,对当地社区和学校的体育教学资源进行充分利用,以学校的办学思想为依据和基础。在体育教学中,体育课程资源的开发要以国家教育方针、国家或地方体育课程和教学内容等为依据,教学内容的设计要充分体现出独特性和差异性,以实现学校体育教学目标、促进学生的身心全面健康发展、满足每一个在校学生的体育学习和体育发展需求。体育教学内容的上位层次、中位层次和下位层次三部分内容的建设是由国家、地方、学校共同完成的,这三个层次的职责不同,所以其所涵盖的范围和在教学当中所占的比重也有所不同。

2. 微观层次

任何一门学科课程的实现都是以教学内容为载体,根据教学内容论的观点,教学内容是包含多层意义的,体育教学内容也不例外。从微观层次来看,根据体育教学内容具体化的程度,体育教学内容的微观层次包含四个层次。

第一层次——体育课程标准所示的学习内容。体育课程标准对体育教学内容的选择具有重要的指导作用,教学内容是为实现体育课程目标服务的,教学内容应符合课程标准要求,如体育与健康课程标准下,教学内容应充分考虑学生运动参与、运动技能、身体健康、心理健康、社会适应的实现。这种分析实际上是活动领域的一种表述,并非常规意义上的体育教学内容。

第二层次——课程标准所示的水平目标。体育教学内容微观层次的第二层次是第一层次形式上的具体化,是对通过体育教学学生应达到的具体学习效果的一种要求。和第一层次教学内容相比,第二层次的教学内容更重要的是实现体育课程的能力标准,即通过具体教学内容的学习,学生应该达到一个什么样的能力标准和层次,掌握哪些知识和技能,达到什么样的水平是比较合格和合理的。

第三层次——体育教学的教学物质设施。在这一层次中指的是教学中需要具体运用到的硬件与软件等物质设施,也就是说属于普遍意义上的教学内容教具,比如足球、武术、游泳等运动项目,以及这些项目进行所需场地器材和设备。该部分教学内容依据不同功能和形态,按照大小练习循环及循环多少也可以分为四个层次,具体如图2-1所示。

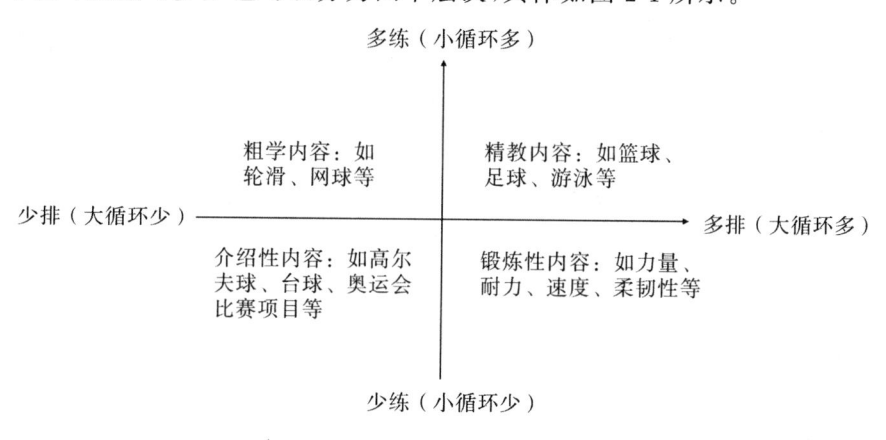

图 2-1 体育教学的教学物质设施内容

第四层次——体育教学的教学方法与手段。某项教学内容下位的具体教学内容,在体育教学中,练习教学内容、游戏教学内容、认知教学内容等都属于这一层次。例如,一项运动的具体练习教学内容,游戏教学内容,以及认知教学内容等一系列拆分开来的教学内容。

(二)体育教学内容分类的基本要求和分类方法

1.体育教学内容分类的基本要求

(1)与教育价值取向相一致

随着社会和教学需要的发展,并没有哪一种体育教学内容的分类是一成不变的。不同时期学校体育教学的目的不同,教学内容也不同。不同体育价值观下的体育教学内容也不同。

(2)以体育课程目标为中心

一切教学活动都要围绕着体育教学目标进行。体育教学内容应为满足体育教学的目的和任务服务,它是实现体育课程目标的重要手段,因此,体育教学内容的分类必须考虑到能否有效帮助体育课程目标的实现。体育教学内容往往是多功能的,所以对体育教学内容进行分类必须充分考虑体育运动项目或身体练习的特点与功能,以便于为更好地实现教学目标选择与之相适应的教学内容。

(3)与学生发展规律相符合

体育教学内容要充分考虑学生的身心发展特点。学生正处于青春发育期,不同年龄阶段的学生,其生理特征和心理特征具有不同的表现,教师在选用具体的教学内容时,应考虑教学内容是否符合该年龄阶段学生的特点。针对学生此年龄阶段的生理和心理特点选择适当的体育教学内容,充分遵循学生身心发展的基本规律。机体和心理在一定年龄阶段的可承受运动负荷与从事运动项目是对应的,教师应充分把握这一规律。以小学低年级的体育教学内容为例,在这一阶段体育教学的运动技能的目标主要是对学生的基本活动能力进行发展。因此,与该阶段学生相符的教学内容比较适合采用以基本活动能力与游戏来进行分类,这样做对于发展小学生的基本活动能力,以及对小学生在体育兴趣方面的培养是非常有利的,从而充分调动学生学习体育的积极性与主动性。

(4)要有利于教学实践的开展

对体育教学内容的科学分类应始终坚持为体育教学实践服务的基本教学理念。对体育教学内容进行具体分类时,应便于体育教师在体育教学实践中对体育课程内容进行选择与安排。体育教学内容的分类不但要合理,而且必须符合科学规律,分类的正确与否将交由实践来进行验证。

(5)紧密联系其他教学要素

体育教学体系包括多个教学要素,教学内容是其中重要的一个。体育教学内容的分类应当做到与体育教学方法和评价方法相互联系,以形成一个完整的系统,从而成为一个整体,这样有利于体育教学评价的顺利进行。也就是说,进行体育教学内容分类时,必须要树立系统观念。

2.体育教学内容常见分类方法

现代体育教学内容丰富,涉及的体育运动项目种类繁多,因此进行体育教学内容分类时,必须充分考虑,按照逻辑进行分类。对体育教学内容进行合理的分类能够使教师和学生对于体育教学内容的认识更加深刻,同时有助于教学目标的实现。大多数体育教学内容之间的关系是平行的,并没有过多的纵向逻辑关系,加之体育教学内容往往是可替代的,因此在体育教学内容的分类上,争议还是比较多的。目前,体育教学内容的分类方法大致包含以下几大类。

(1)根据体育教学功能分类

根据我国体育课程相关的文件,以三维健康观、体育的本质特征、体育与健康课程等几个领域的目标为依据,对体育课程的内容体系进行了重新构建,体育教学内容被划分为包括运动参与、运动技能、身体健康、心理健康和社会适应五个方面。

(2)根据体育教学目标分类

根据体育教学的目标进行分类,在体育教学分类方法中比较常见。这种方法是依据人们赋予的体育教学所要达到的目的进行分类的。比如在发展学生身体素质的练习、提高学生运动技能的练习、培养学生运动安全和运动损伤预防的练习等。根据体育教学目标对体育教学内容进行分类的方法,能够使根据多种目的的身体练习进行人为的规定得以实现,能够使教学内容具有一定的目的性,对于打破陈旧的、以竞赛为目的的教学内容编排体系也非常有利,从而保证学生能够学到比较多的体育教学内容。

(3)根据机体活动能力分类

以人体的基本活动能力为依据进行分类,就是根据人类具有的走、跑、跳、投、攀登、负重等基本活动能力,从而对所有的运动项目、身体练习按照这一标准进行分类。根据人体基本活动能力对体育教学内容进行分类的优点在于,有利于促进有目的、有针对性地对学生的基本活动能力进行培养,并且不会受到正规体育运动项目规则的限制,有利于从组合教学内容的基础上来对学生的各种身体动作和发展基本活动能力进行发展,尤其适合对低年级学生的教学内容进行分类。该分类方法的缺点在于,通过不同教学内容的学习对于学生掌握体育运动技能、发展体能等方面具有一定的局限性,对于高年级学生来说其要求往往无法满足,容易使高年级学生失去体育学习兴趣。

(4)根据身体素质内容分类

身体素质主要是指人体的运动能力,主要包括力量、速度耐力、灵敏、柔韧等基本身体素质。体育教学的主要目标之一就是帮助学生增强身体素质。因此,根据身体素质对体育教学内容进行分类是一种非常重要和普遍的分类方法。具体来说,根据身体素质内容进行分类,可以根据速度、力量、耐力、灵敏、柔韧,或者根据与动作技能相关的体能分为速度、力量、灵敏、协调、平衡、反应等,也可以根据与健康相关的体能将身体素质分为心肺耐力、柔韧性、肌肉力量、肌肉耐力、身体成分等,可以将这样各个不同运动项目的身体练习进行完全不同的分类组合。该分类方法的优点在于能够有利于学生正确认识各种体育运动项目与身体练习,并促进学生体能素质的全面发展,同时,还能够有目的、有针对性地使学生的体能获得非常大的进步。缺点在于,由于在体育运动项目当中,许多项目并不是以提高某一方面身体素质为前提的,因此对待这类项目时这种分类显得比较模糊。而且这种分类在学生对体育教学内容文化特性的认识上可能使学生产生误区,即体育学习主要是体能素质提高,容易忽视体育理论知识学习和体育专项技能学练。

(5)根据体育运动项目分类

根据运动项目对体育教学内容进行分类是一种非常普遍的分类方法,在体育教学中应用较为广泛。该分类方法具体是按照各个运动项目的名称和内容而进行具体的系统分类的,大致可以分为球类、体操、田径、武术、体育舞蹈、冰雪运动、水上运动等,对各式各样的运动项目根据特点加以详细地划分。根据运动项目对体育教学内容进行分类便于学生明确了解学习内容,对于学生了解和掌握体育运动文化具有非常大的帮助。

但是应该充分认识到,该分类方法对一般学校体育常设体育项目教学并无不良影响,但是对并没有被列入正规体育比赛的项目当中的一些运动项目容易忽略。而且在正式比赛的项目当中,很有可能由于规则、技能等方面具有相当高的水平,使教学内容与学校体育教学不相符。因此,需要对竞技性过强的体育项目教学内容进行适当的加工、改造,使其与学生的生理发展和心智发展水平相符,这对体育教师对体育教学内容的加工、改造能力具有较高的要求。如果体育教师的能力有限而强行加工和改造教学内容,则很有可能导致原有体育教学内容性质发生变化。

(6)综合交叉分类

综合交叉分类是一种将基本部分与选用部分、理论与实践教学内容、各项运动的基本教学内容与提高身体素质练习教学内容等,相互交叉的综合分类方法。从分类角度来讲,综合交叉分类与一般事物分类原则相违背,不是用同一标准对体育教学内容进行衡量的。但是,采用综合交叉分类对体育教学内容进行科学分类,能够准确地将不同学生的不同年龄阶段身心发展特点和对学生学习的基本要求反映出来,对达成体育教学目标有非常突出的作用,在有助于保持运动项目的固有特点和系统性的基础上,同时增强学生进行身体锻炼的实效性,从而在体育教学内容的运用上使运动项目的技术和学生身体素质的联系综合、全面协调发展。

三、现代体育的基本教学内容

当前,我国体育教学日益受到重视,学校体育教学内容丰富多彩。当前,在我国各级各类学校开设的体育教学基本内容包括以下几个方面。

第一,体育、保健原理与知识。学生学习体育、保健原理与知识有利于其更深刻地理解体育对人类社会、对国家、对自己未来发展的重要意义,有利于学生科学从事体育健身实践、自觉参与各项体育活动。体育、保健原理与知识教学内容是体育教学的基础内容,通过该部分教学内容的学习,学生应掌握基本的体育常识,了解体育保健的相关原理,并能在日常生活实践中科学运用体育保健知识来指导自己的体育锻炼活动,提高体育锻炼的科学性、安全性。该部分内容教学应密切联系生活实践,并注意教学内容的系统性。切忌教学内容的支离破碎、简单无逻辑的知识罗列。

第二,田径运动。田径运动是体育教学的基本教学内容。它与人的走、跑、跳、投等基本活动能力有内在关系,所以被誉为"运动之母"。田径运动是体育教学内容最基本的部分,对于学生基本身体素质的提高和为学生参与其他体育活动可以奠定良好的基础。田径教学内容包括走跑、跳跃、投掷等几类运动项目内容,通过田径运动教学,学生应了解田径运动文化、掌握田径运动原理、掌握田径运动各类运动项目的运动技术,并能在课外科学从事田径运动,为之后的田径专项学习和其他项目学习奠定知识和技能基础。

第三,球类运动。学校体育教学内容中的球类运动教学主要包括足球、篮球、排球、乒乓球、羽毛球、橄榄球、网球等球类运动项目的教学。球类运动教学的目的在于使学生了解球类运动概貌、认识球类运动的基本规律和特点、理解球类运动文化、掌握和提高球类运动技能。和其他教学内容相比,球类运动教学内容较为复杂,学生掌握球类运动技战术需要一个较长的时间并付出艰辛的练习。在进行球类运动的教学过程中,教师应根据具体教学内容的逻辑顺序合理安排学生学习,如先进行技术学习,再进行战术学习;先学习战术配合,再学习战术实施,再进行攻防转换。总之,球类运动教学内容的教学应建立在遵循球类运动特点、技能发展规律、学生认知规律和技能学习规律的基础之上。同时,教学过程中,应注意教学方法的科学选用,以促进学生全面、准确掌握教学内容。整个教学过程中,还应注意将球类运动基本理论知识、球类运动技术、球类运动战术、球类运动竞赛等的教学充分结合起来。

第四,体操运动。体操的历史较为悠久,自人类进入文明时代后,体操就一直伴随着人类的发展,它还与人克服各种外界物体的心理欲求有联系,因此是体育教学的重要内容。现代体操运动包括技巧、支撑跳跃、单杠和双杠等。它是一项有助于发展个体的力量、协调、灵活、平衡等能力的运动,通过体操运动教学,学生应掌握体操运动文化与基本常识,了解体操运动的基本原理与特点,掌握基础的体操技术动作,并能在课余体育活动中进行一些实用性较强的体操技能练习,以提高自己的体能素质水平和体操技能水平。在体操教学过程中,对具体教学内容的选择应充分考虑到它的竞技、心理、生理等方面,力求将这些方面在教学过程中充分体现并全面地呈现给学生,使学生能够通过体操内容的学习来增强体质、提高运动能力。教学中,注意动作难度、幅度,改变动作连接方式、运动负荷等的循序渐进。

第五,民族传统体育。民族传统体育是我国优秀体育文化的重要组成部分,是我国体育教学区别于西方体育教学的一个重要内容。我国民族传统体育传承发展五千年,内容丰富、种类繁多,将民族传统体育纳入高校体育课程教学是传承我国民族传统体育文化的重要和有效途径。我国民族传统体育项目具有丰富的文化内涵,学生通过该部分教学内容的学习,能有效实现强身健体、调节心理、养生保健、技击防卫等目的,同时,对于学生增强民族自豪感和民族自尊心也具有重要的促进作用。具体来说,了解民族传统体育中的礼仪文化、道德内容,培养学生的爱国精神、民族自尊心,使学生能保持足够的学习热情,掌握几项技能以养成终身体育锻炼的习惯,并能为民族传统体育文化的传承培养更多的接班人。在体育教学中,学生学习我国民族传统体育内容需要付出比其他项目更多的耐心,这主要是因为我国民族传统体育对学生的身体素质要求较高,尤其是武术基本功的练习需要学生具有扎实的基本功基础,否则就不能完成一些具有难度的技术动作和套路练习。民族传统体育教学应分配较多课时。特别需要注意的是,我国民族传统体育项目内容来源于人们的日常生产生活,与生活习俗、民族风情等息息相关。因此,在教学中,体育教师应注意突出我国民族传统体育教学内容的文化性、范例性、实用性,特别重视民族传统体育教学内容的文化背景和意义的阐述,为我国民族传统体育的可持续发展营造良好的文化氛围,并培养一批优秀的文化传承人。

第六,韵律运动。韵律运动包括健美运动、民间舞蹈、健美操、体育舞蹈、韵律操、艺术体操等内容。教学目的在于改善学生的体态，培养学生的动作节奏感和肢体表现力。在体育教学实践中，安排韵律运动的教学，应注意从韵律运动的特点入手，通过学习使学生了解韵律运动的舞蹈、音乐理论基础和特点，提高学生的审美意识和审美能力，并通过技术动作练习提高学生肢体的艺术表达能力，并注意在韵律运动的练习过程中培养学生的自我创造意识和创造能力。

四、体育教学内容的选择

体育教学内容有宏观和微观之分，这为地方和学校具体体育教学内容的确定提供了必要的参考，同时给予了非常大的自由性。我国幅员辽阔、民族众多，形成了丰富多彩的地域体育文化、民族文化。不同地区的学校在选择体育教学内容时，应充分考虑本地区、本民族的特点，选择具有地方特色的民族传统体育内容，一方面，可以使学生产生亲切感，提高学生体育学习的兴趣；另一方面，有助于本地区体育文化的推广、普及和传承。在体育教学实践中，体育教师对任选体育教学内容的选用不是无章可循的，教师应在体育教学大纲的指导下、在充分分析学生身心发展特点的基础上，对本地区体育活动内容进行考察、筛选，选择具有代表性的、能促进学生身心发展的、有助于实现体育教学目的的体育运动项目，并在教学过程中注意充分体现出所选体育教学内容的文化性、地域性、民族性、可操作性和实用性。

体育教学内容选择是现代体育教学设计的核心问题，因此，选择应准确、科学、得当。

(一)体育教学内容的选择依据

1.体育课程目标

体育课程目标是体育教师在教学工作中必须始终牢记的一个内容，在选择体育教学内容时应对备选的教学内容进行筛查，或者直接根据体育课程目标去寻找合适的教学内容。课程目标是选择教学内容的重要依据。体育教学内容是实行体育课程目标的重要手段，要促进课程目标的实现,就必须选择与之对应的教学内容,这是毋庸置疑的。体育课程目标编制过程中,在每一个阶段内都作为教学内容的先导和方向,所以它经过了多方专家的合理思考推论,对各个方面的影响都进行了认真合理的验证。体育课程目标具有多元性的特征,体育运动项目和身体练习也具备可替代性的特征,体育教学内容丰富,应从中选择出最能实现体育教学目标的一部分教学内容来进行教学。

2. 客观教学规律

体育教学内容的选择应符合体育教学的客观规律,在不同教学阶段选择不同的体育教学内容。体育教学内容的选择应符合学生身心发展规律、学习认知规律、技能形成规律等。体育学习需要学生的主动参与,而主动参与就是说,学生自身积极和努力是必不可少的。通常学生如果面对感兴趣的事情,那么其参与的动力就会大大增加,学习的效率也将倍增。因此,对体育教学内容进行选择的一个必要的因素就是学生对于体育的需要和兴趣,以便于充分调动学生学习的积极性与主动性。教学初期应选择娱乐性较强的体育教学内容,教学过程中应注意多样化的体育教学内容的选择。体育教学活动的主体是学生,教学内容选择应符合学生的生长发育、技能发展的客观规律。具体来说,在选择体育教学内容时,学生的需要是必须考虑的。体育教学以促进学生身心发展为目的选择相应的体育教学内容。

3. 学生发展需要

学生是体育教学的对象,体育教学内容必须使学生可以接受,并且产生兴趣。所以进行体育教学内容的选择时,学生的特点就决定着教学内容当中的各项要素,绝对不能忽略学生的实际情况。体育教学内容应能满足每一个学生的体育发展需要,通过体育学习,使每一个学生都能有不同程度的发展。

4. 社会发展需要

学生的个体发展无法脱离社会的发展,因此,体育教学能够在健康方面为学生打下良好的基础。在进行体育教学的内容选择时,除了考虑学生本身的需求,社会现实发展的需求也必须被考虑进去。社会是学生实现自我价值的最终归宿,体育教学内容必须能够满足学生在社会上发展当中各方面的需要。除此之外,体育教学内容必须做到与社会生活和学生生活联系在一起,这样才能让学生体会到它的作用,其功能得以实现,因此,体育教学内容的选择与社会实际相符是非常重要的。

(二)体育教学内容的选择原则

1.教育性原则

进行体育教学内容选择的时候,应始终坚持体育教学育人的根本目的和任务,充分体现体育教学内容的教育性。第一,体育教学内容选择应从教育的基本观点出发,分析其是否与教育的原则相符;第二,体育内容选择必须与体育课程的主要目标相匹配,确立"健康第一"的指导思想,并以此作为体育教学内容当中最基本的出发点;第三,体育教学内容选择应看重彰显文化内涵,在学生学习体育技能的同时更能深刻体会到体育文化修养带来的益处;第四,体育教学内容的选择应考虑对学生品德、智力、体质等方面的全面发展是否有利,对不同学段学生的发展特点和规律都要充分考虑到,其个体差异与不同需求将会在其中起到很大的作用,确保每一位学生受益;第五,体育教学内容选择应与社会的固有价值观同步,有利于满足现代社会对学生的发展要求。

2.科学性原则

科学性在体育教学内容的选择中具有十分重要的作用。体育教学内容选择是否科学直接关系到教学的效果与质量、教学目标的实现及学生的发展。第一,体育教学内容的选择必须有利于学生身心的协调共同发展。对虽然有利于学生身体健康,但对于学生的心理健康并不合适的教学内容应摒弃,反之亦然。教学内容的选择必须使学生身心均有所发展。第二,体育教学内容要使得学生能够从根本上对科学锻炼的原理和方法有一个深入的了解,增加学生从事体育锻炼时的自觉性和积极性。第三,体育教学内容本身的科学性。科学性不足的新型体育项目不应进入课堂。第四,体育教学内容的选择应与学校的具体实际相结合。

3. 趣味性原则

兴趣是帮助一个人学习的最好老师,学生学习体育基本知识在很大程度上受其体育兴趣的影响,体育学习兴趣是决定学生体育学习的主导力量。因此,体育教学内容的选择应注意突出趣味性。一方面,对竞技性强的教学内容应予以摒弃或进行健身性改造。大多数竞技运动项目的健身价值和教育价值是不可低估的,但是,教师过度关注竞技运动项目教学的系统性和完整性,用培养运动员的方法进行体育教学,会导致很多学生厌恶体育课。另一方面,要根据学生的各方面特征尽量选择他们感兴趣的、有趣味的内容。在选择体育教学内容时必须充分考虑学生的兴趣。

4. 实效性原则

所有对学生健康有利的教学内容都是教学内容选择的良好范围。实效性,具体是指体育教学内容应具有实用性、简便易行、有助于学生身心健康的有效发展。国家相关文件在教学内容的改革中,强调要改变教学内容当中的"难、繁、偏、旧"以及教学过程过度偏重书本知识的现状,体育教学内容应避免该方面内容。体育教学内容的选择一定要兼顾选择与学生自身的体育学习兴趣和经验相接近的,以及大众喜欢的、社会上比较普及的内容,加强学生生活与现代社会和科技发展之间的联系,同时强调运动项目的健身娱乐效果,为学生的终身体育奠定基础。

5. 适应性原则

体育教学内容的选择过程中,体育教师应充分考虑所在地区及学校所在地的气候、地理、经济、文化等条件,选择的体育教学内容具有付诸教学实践的可能。

6. 民族与世界结合原则

体育教学内容应体现民族性、符合我国实际,同时要与世界体育发展接轨,建设体育强国。不能对自己民族的东西盲目自信,但更不能有崇洋媚外的思想。体育教学内容的选择应该与时俱进,体现当今时代中国的特色。总之,体育课程内容的选择要在保留我国民族传统体育当中精华部分的同时,对国外好的课程内容有选择地加以借鉴吸收。将一切优秀的体育文化都能纳入体育教学中去。

五、体育教学内容的加工与开发

(一)体育教学内容的加工

1. 体育教学内容的加工要求

首先,应当考虑学生基础。对体育教学内容的加工应充分考虑学生的基础,如认知能力、理解能力、身体条件、机体承受能力等,使体育教学内容的加工与学生情况相符合,使学生通过体育教学内容的学习能切实促进身体生长发育和心理健康发展。

其次,应当满足学生需要。满足学生需要是体育教学内容加工的一个重要要求,在体育教学过程中,学生是教学的主体,不能只考虑体育教学内容本身的难易程度,还应考虑体育教学内容的多少、逻辑性是否能满足学生学习和发展的需要。

最后,应当符合加工要求。对体育教学内容进行加工处理,目前主要采取两种方法,螺旋式排列和直线式排列,以整合出新的体育教学内容。不论是哪一种排列法,都需要注重不同的体育运动和身体练习的特征。螺旋式排列强调相同教学内容在不同年级或水平重复出现的阶段性提高,直线式排列指学习了一个运动项目或进行了某种身体练习后,不再重复出现。两种排列不可交叉,否则就会影响教学效果。

2. 体育教学内容的加工程序

第一,审视教学观点。体育教学内容的选择应从社会的生产生活以及教育、科学等发展的实际出发,充分考虑社会发展对人类健康的要求,分析和评价现有的体育教学内容。观察教学内容对学生进行锻炼、增进健康、思想品质培养是否有利。将与教育要求不相符,也不利于学生身心健康的内容舍弃。

第二,整合教学内容。依据不同学段学生身心发展的特点进行选择,对体育教学内容的功能进行分析,并整理合并具体的体育运动项目和身体练习,进而作为形成体育教学内容的基本素材。

第三,确定课程内容。结合学校条件和学生情况确定体育项目,并对体育项目的具体练习内容进行加工处理。在体育教学中,可供体育教学内容作为素材的体育运动项目和身体练习是非常多的。然而,体育教学的时间有限,因此要对具体的内容进行整合、取舍,使最终的教学内容最有利于实现体育教学目标和促进学生发展。

第四,可行性分析。在选择体育教学内容时,要分析教学内容实施的可行性。这主要是因为,体育教学实践受地域、气候条件等诸多因素影响,某一教学内容在某一个地方适合,而在另一个地方却不适合,在选择时,一定要为各地、各校选择和实施体育教学内容留下足够的余地,保证在实际体育教学中的执行弹性。

(二)体育教学内容的开发

体育教学内容的开发,旨在寻找更丰富、更适合体育教学实际和有利于促进体育教学目标的教学内容,一般应从以下几个方面着手进行。

第一,延续传统体育教学的内容。现代体育教学内容丰富,在长期的体育教学改革过程中,一些体育教学内容被保留和传承下来必然有其科学性。这一部分教学内容能切实促进学生身心发展、符合体育教学课程目标要求、具有良好的学生基础,因此对这部分体育教学内容应予以保留。只是在体育教学过程中,可以通过改变教学模式、教学方法、教学手段等进行体育教学创新,更进一步地体现该部分体育教学内容的教育性、趣味性、健身性、科学性、社会性。

第二,参考上级课程文本的建议。所谓上级课程文本,具体是指"国家教育行政部门规定的统一课程和教学内容,它体现国家的意志,是专门为未来公民接受基础教育之后应该达到的共同体育素质而开发的体育课程和教学内容"。上级课程文本具有导向性和政策性,它充分考虑到了各地的不同情况,给地方、学校、体育教师一些自由的空间以及自由发挥的余地。因此,在选择教学内容时,各地方学校要在上级课程文本的建议下,有针对性地对本校现有体育教学内容进行补充和丰富。

第三,修改上级课程文本的规定。我国体育教学课程文本对教学内容的规定是宏观的,这是充分考虑了各个地区以及学校的具体情况可能存在的不一致性,而实际上上级文本所涉及的教学内容也未必能考虑周全,在实际的体育教学过程中很有可能出现与本地、本校实际教学情况不符的情况。针对此类情况,应对上级课程文本规定的教学内容进行适当修改,前提是必须在领会和坚持上级文本精神和规定要求的基础上进行。

第四,改造传统体育教学的内容。对传统体育教学内容中不符合时代特点、学校和学生实际的内容进行有针对性的改造。随着时代的发展和体育教学的改革,一些传统体育教学内容已经无法适应学校体育教学的需要。因此,为了使传统体育教学内容更好地发挥其优势,以便为体育教学服务,需要对其进行适当的改造。具体来说,对某个具体的学校体育教学内容资源而言,从中提取一些要素,改变一些要素,增加一些要素或舍弃一些要素,就可以形成一个新的体育教学内容。如降低难度、简化规则、游戏化、实用化、生活化等。

第五,引进新兴的体育教学内容。体育运动是不断向前发展的,体育教学也应是不断向前发展的,在发展过程中,必然会有新的体育运动项目和新的体育教学内容出现。近年来,为不断丰富体育教学内容,一些体育教师尝试将一些新兴的体育运动项目纳入学校体育教学中来,如街舞、瑜伽、拓展训练等。这些新兴的体育运动项目引起了广大学生的学习兴趣和好奇心,使体育教学收到了不错的效果。因此,吸引新兴的体育运动项目是切实可行的,能为体育教学注入新的活力,有助于激发学生体育学习的热情。社会进步令体育运动更加丰富多彩,学生更加追求新鲜的体育项目,所以体育教学内容也要注重推陈出新。我国多民族的特性决定了各个民族都有出色的民族特色体育项目,这些民族项目既各具特色,又有良好的健身价值,在体育教学内容的选定中应适当根据具体情况加以选用,以突出体育与健康课程内容的时代性。需要注意的是,体育教师引进现代的新兴运动项目,需要注意依据现有的原理、规则、方法、场地器材条件等,要考虑新的教学内容是否与本校条件和学生发展相适应。

第二节　高校体育教学内容体系的构建过程

一、体育教学内容体系的构建思路

《新课程标准》充分重视了各阶段内容的衔接和体育知识系统化问题,对学生在体育教学过程中学习的递进性和知识的系统性进行了充分考虑,在课程目标上进行了一些新的描述。例如,在球类与体操学习目标的表述中,水平四的目标为"基本掌握一两项球类运动中的技战术","完成一两套技巧项目动作或器械体操动作";水平五的目标为"较为熟练地掌握一两项球类运动中的技战术","较为熟练地完成一两套技巧项目动作或器械体操动作"。从"基本掌握"和"完成"到"较为熟练地掌握"和"较为熟练地完成"。但是,如果水平四与水平五学习的球类项目不同,体操内容不是同一类器械体操内容,则无法保障从"掌握"到"熟练掌握"的递进式发展,各阶段教学水平就不能实现一致性,无法保证采用"大循环"排列方式实施体育教学内容,进而无法保证学生运动技能掌握的系统性。

为了使学生通过体育学习切实掌握一两项体育运动技能,就必须科学选择教学内容,实现体育教学内容的系统性。具体来说,就是从国家体育课程教学内容中,选择适合本地区教学情况的各年级、水平阶段适中的体育教学内容,充分保障教学内容选择的灵活性与规定性;使学校体育教学内容形成一个严谨、灵活的体育教学内容知识系统,促进学生循序渐进地、系统地学习体育教学内容。

二、体育教学内容体系的框架构建

首先,体育教学内容体系构建应当具有逻辑性。体育教学目标与体育教学内容关系密切,体育教学内容的逻辑性应充分参考不同体育课程教学目标的阶段性要求,坚持"目标统领内容"的理念,课程目标的阶段性、逻辑性对体育教学内容不同阶段的选择具有重要的指导作用。在体育教学实践中,不同教学阶段的体育教学目标不同,高年级的体育课程教学目标与低年级的体育课程教学目标之间是递进的关系,因此不同教学阶段的教学内容选择也应是由少到多、由表及里、由简到繁的递进过程。各个阶段性课程目标引领着与之相适应的体育教学内容。体育课程目标指导下的体育教学内容要尊重机体适应规律、技能发展规律、学习认知规律,符合学生不同阶段的体能素质发展的敏感期,这是学校体育教学内容体系构建逻辑性的重要意义所在。

其次,和体育内容一样,体育教学内容丰富,看似庞杂无序,但是深入研究体育教学内容的多条逻辑线可以发现,通过对体育教学内容各要素的控制,可以实现不同阶段学生所学习的体育教学内容难易适度,进而在整个受教育时期,实现教学内容学习的递进性,促进各方面素质的系统性发展。蔺新茂和毛振明等学者结合学生学习体育教学内容的递进性和系统性,提出了一个相对完善的与学校体育课程的目标相匹配的体育教学内容体系,其基本框架具体如图 2-2 所示。

三、学校体育教学内容体系的构建说明

(一)体育教学内容体系的逻辑说明

以体育教学目标为出发点,由基础到提高、由部分到完整,共有三条逻辑线,具体如表 2-1 所示。

基础类技术体育教学内容,提高类、拓展类体育教学内容,终身体育教学内容三类体育教学内容之间是基础与提高的关系。

从对上述三类体育教学内容的逻辑关系分析来看,在各类体育教学内容中,三类内容的每两个相邻的体育教学内容之间,均具有技术基础性和技术提高性递进关系,而不同学段、级段在选择和排列体育教学内容时,应遵循这一逻辑关系,体现不同阶段体育教学内容的阶段递进性。

(二)体育教学内容体系构建的基本要求

现阶段,要保证体育教学内容的系统性、完整性,促进学生对体育运动技术的有效性掌握,以为其参与终身体育奠定必要的技能基础,应在教学内容体系构建中明确以下三个方面的要求。

第二章 高校体育教学内容

大学阶段
掌握并巩固两项以上体育基本技术，提高体育学习能力、发展身体素质、养成锻炼习惯、提高体育生活化认识、增强社会适应能力等

- 拓展类技术：啦啦操、拓展练习、定向运动、轮滑、独轮车、地板球等时尚性新兴体育运动项目
- 提高类技术：篮球、排球、足球、乒乓球、羽毛球、网球、毽球、垒球、棒球、橄榄球、跳绳、武术等民族、民俗体育项目
- 基础知识：安全运动处方、体育竞赛与欣赏相关知识；基础技术：健美运动、体育舞蹈、各种身体素质练习、田径、体操等

高中阶段
掌握与巩固体育1~2项基本技术，提高运动技能、发展身体素质、提高体育能力、培养意志品质增强社会适应能力等

- 拓展类技术：啦啦操、拓展练习、定向运动、轮滑、独轮车、地板球等时尚性新兴体育运动项目
- 提高类技术：篮球、排球、足球、乒乓球、羽毛球、网球、毽球、垒球、棒球、橄榄球、跳绳、武术等民族、民俗体育项目
- 基础知识：安全教育、健康运动处方；基础技术：健美运动、体育舞蹈、各种身体素质练习、田径、体操基本套路相关动作

初中阶段
学习与掌握体育基本知识基本技术，传承体育文化、发展身体素质、提高体育能力、培养体育兴趣和意志品质等

- 拓展类技术：啦啦操、拓展练习、定向运动、轮滑、独轮车、地板球等时尚性新兴体育运动项目
- 提高类技术：篮球、排球、足球、乒乓球、羽毛球、网球、毽球、垒球、棒球、橄榄球、跳绳、武术等民族、民俗体育项目
- 基础知识：安全教育，健康运动基本原理；基础技术：队列队形练习、徒手体操、体育舞蹈、田径、体操小套路相关动作

小学阶段
发展身体基本活动能力、形成良好的身体姿态、培养体育兴趣、掌握体育基本知识和基本技术、培养意志品质和协作精神等

- 拓展类技术：啦啦操、拓展练习、定向运动、轮滑、独轮车、地板球等时尚性新兴体育运动项目
- 提高类技术：小篮球、软式排球、小足球、乒乓球、羽毛球、毽球、垒球、棒球、橄榄球、跳绳、武术等民族、民俗体育
- 基础知识：安全教育；基础技术：队列队形练习，徒手体操、跑、跳、投等田径基础动作；支撑、悬垂等体操基本动作

体育课程目标体系　　学校体育教学内容体系

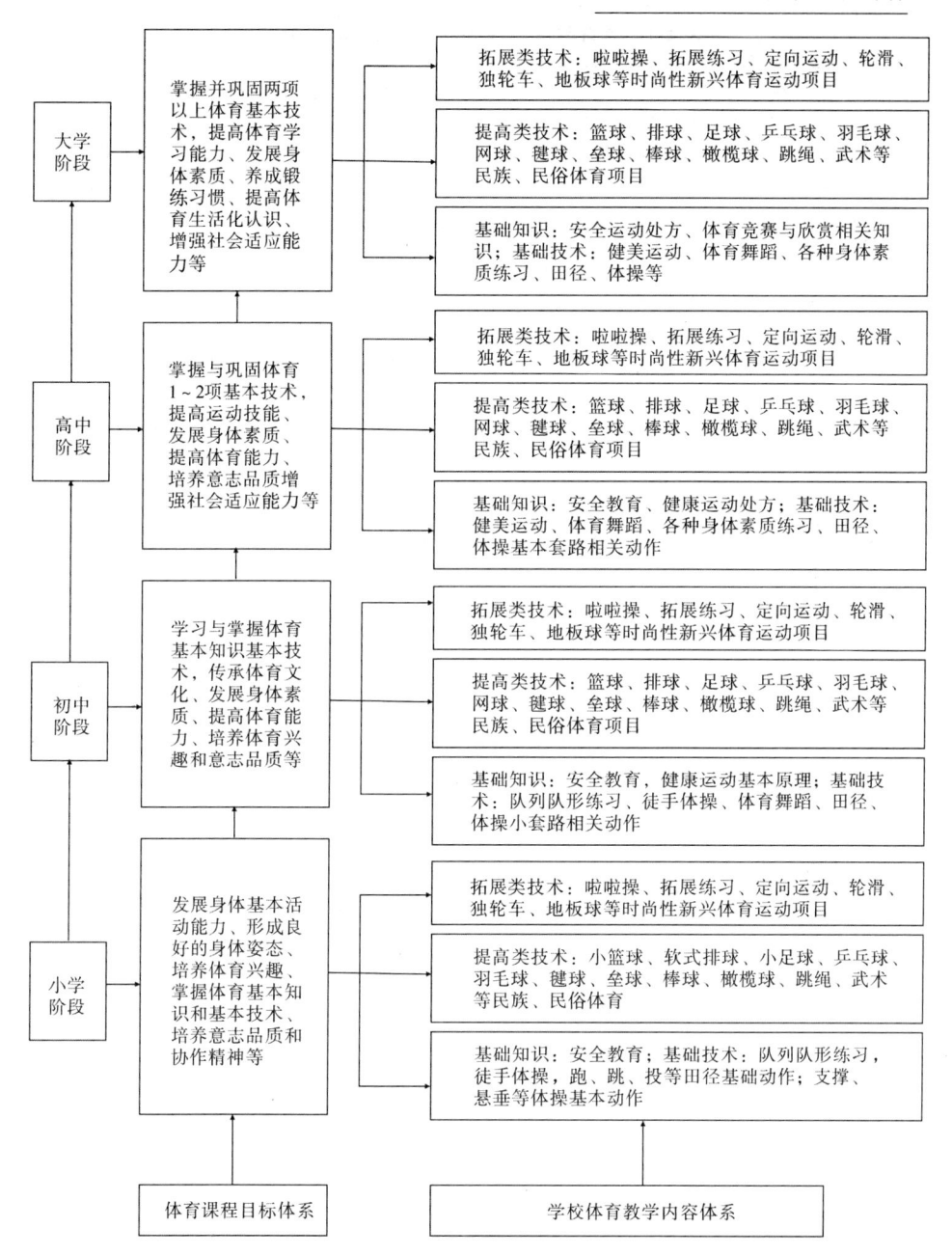

图 2-2　体育教学内容体系的基本框架

表 2-1　体育教学内容体系中各内容的逻辑线

逻辑线	内容关系阐述
体育教学目标的逻辑线	体育各阶段性目标是从基础到提高、从部分到全面逐渐提高的
基础类与提高、拓展类体育教学内容与终身学习能力的逻辑线	基础类技术的掌握为各项提高类、拓展类技术的学习提供了素质基础、心理基础;提高类技术的学习为学生提高终身学习的能力,养成终身体育习惯奠定了基础
体育教学内容之间的逻辑线	无论是基础类技术,还是提高类和拓展类技术,其自身均有从基础到提高、从部分到完善的逻辑关系

首先,在国家层面,体育教学课程管理体制必须制定出明确的课程目标,使学校体育课程目标切实为学校体育和体育课程服务,并以此为指导科学选择体育教学内容。

其次,在地区层面,各地区在选择规定体育教学内容时,必须充分考虑各地区的大众体育特色、传统体育优势。同时结合国家体育事业发展和地方体育发展的需要,在体育教学内容的选用方面能充分体现地方特色。

最后,在学校层面,学校对体育教学内容的科学选择和使用,应根据学生的年龄和学习特征进行。同时要在教学内容选择上尊重体育教学内容自身的技术逻辑和技术教学的规律,保持体育教学内容选择的灵活性,使之始终遵循客观教学规律。

第三节　高校体育教学内容体系的改革发展

一、体育教学内容改革的方向

(1)改变体育教学内容的体育锻炼和达标相统一的趋势。

(2)解决体育教学内容与学生社会体育活动之间的差距。

(3)解决体育教学中与体育教学内容难度有关联的"教不会""教不

懂"的问题。

(4)解决学生因体育教学内容缺乏娱乐性而排斥体育课的问题。

(5)解决乡土教学内容开发不足的问题。

(6)解决体育教学内容民族化的问题。

二、体育教学内容改革的建议

(1)以学生为本,体育教学内容的选用应更多地从学生如何学以及他们感兴趣的角度出发。

(2)实现教学内容选择的自由化。改变体育教学内容规定过死的现象,扩大教学内容弹性,使地方学校和教师对体育教学内容的选择、设计更具灵活性。教学内容应范围广阔,让学生和教师选择体育教学内容的权限更宽广。

(3)逐渐淡化竞技运动的技术体系。

(4)重视女性教育,适当增加女生喜爱的韵律体操和舞蹈内容。

三、体育教学内容改革新体系

体育要做到与学生的日常生活相结合,与社会发展相结合,在新的体育教学改革方针指导下,体育教学内容改革强调内容的丰富性与实效性。一般认为,体育教学内容新体系应当包括身体教育、保健教育、娱乐教育、竞技教育和生活教育等五个方面。具体分析如下。

第一,身体教育。身体教育是指以健身为目的的体育教学。身体教育的目标是要提高人的各项基本活动能力。学校体育的本质决定了学校体育必须为提高学生的体质健康水平服务。"健康第一"是当前体育教学的重要教学指导思想和理念,因此,体育教学要重视学生健康素质水平的提高,重视学生身体成分、肌肉力量、有氧耐力及柔韧性等与健康相关的运动素质的发展。

第二,保健教育。保健教育与学生的健康生活息息相关,具体是指在学习相关体育知识的过程中确保学生的安全和健康,这其中生理和保健知识也是必不可少的。在体育教学内容中必须重视运动处方的理论和实践,从而将保健教育和体育教学结合起来。为学生成为一个健康的人奠定重要的理论知识基础。

第三,娱乐教育。娱乐教育是新时期提高学生体育学习和参与积极性及主动性的必然要求,是体育教学内容发展的一个重要内容,应该受到重视。体育教学内容中的娱乐教育可以非常灵活地结合在社会的每个角落。每个人每个民族的娱乐体育活动都是丰富多彩的,因此促使它成为体育教学内容,是一种有益的选择,应在学校大力推广我国民族传统体育。现阶段,开设民族民间体育,如武术、踢毽子、荡秋千、爬竹竿等,扩大学校体育资源与体育课程资源,丰富学校体育的内容,对促进我国传统体育文化传承与发展具有重要意义。

第四,竞技体育。竞技体育主要是以专项运动项目为主要内容的教学内容,在过去政治因素影响下,竞技体育一直是学校体育发展的重点,之后随着国家对体育教学"健康第一""以人为本""终身体育"的强调,竞技体育在学校的地位有所降低,但仍是学校体育的重要教学内容。竞技体育是社会体育文化的重要组成部分,在增进学生健康,培养学生的运动兴趣,提高学生的运动技能,培养学生积极进取的人生态度,增强竞争与协作精神、团队意识、心理调节能力、责任感等方面具有重要作用。但在教学过程中切忌照搬对运动员的要求而进行体育教学,应针对在校学生进行加工、改造、处理,适应学生实际情况和需求。

第五,生活教育。生活教育在这里指防卫训练、拓展练习、冒险教育及健康生活教育。社会发展影响着每一个人,城市化发展的加快使人们渴望接触自然,包括学生,因此很多学生希望亲近大自然。而这种追求,在体育教学内容方面又可以有新的选择。

四、体育教学内容的未来发展趋势

(一)以学生为主

体育教学内容的选择与确定将受到各个方面的制约。在过去的体育教学大纲中,体育教学内容的选择与确定往往更重视教育工作者对于教学内容的价值取向,因此重视的仅仅是教师的教。随着体育教学改革的不断进行,目前,体育教学逐渐摆脱了传统的以实现体育教师的教学去选择体育教学内容的做法,而逐步转变为教学内容的选择服务于学生的学习,从学生的实际情况出发,以实现学生对体育教学内容的价值取向。

(二)多样化发展

以往传统体育教学中,教师对体育教学内容的选择往往是简单地依据体育教学目标进行,或者是将体育运动中的运动项目直接地移植到体育教学内容中。这样的体育教学内容的选择过程是不利于体育教学发展的。在体育教学理念和创新理念指导下,未来的体育与健康教学大纲中,有关体育教学内容的选择,更加注重寻找体育学科内在的一些规律,体育课程中挑选的内容往往都是学生喜欢的,有利于促进学生发展的,富有时代性的。

(三)加强综合素质

在传统体育教学理念和模式下,以往的体育课程大都是以提高学生跑、跳、投等身体素质为目的的一种体能达标课,重视基础性,但发展性不足。新时期,社会需要全方面发展的人才,新的体育教学改革强调素质教育,因此对于学生素质的全面发展(身体、心理、智能、社会适应能力等)肩负着无比重大的责任。在体育教学内容方面,这项内容的选择与确定,同样要符合素质教育的要求,使学生的生理健康、心理健康以及社会适应性等均有所发展,为学生在社会中实现自我价值奠定了良好的发展基础。

(四)重视终身体育

我国传统体育教学内容更多的是体育竞技内容,重视学生竞技能力的发展,目的在于培养运动员,忽视学生的身心健康发展,过度强调竞技性。现阶段,学校体育为终身体育打基础,使学生树立终身体育意识,实现终身体育目标已成为体育教学的一个重要的发展趋势。而终身体育目标的达成则取决于学生参加体育所需的技能、知识和态度。体育教学内容的选择应处理好健身性、运动文化传递性和娱乐性之间的关系,将生活中常见的具有健身价值和终身运动性质的运动作为体育教学内容。学校体育教学中,通过教师对学生日常生活、学习息息相关的体育活动的参与引导,使学生养成参与体育锻炼的习惯,将体育运动纳入自己的生活,并坚持终身参与。终身体育是人类自身和社会发展的必然。

  在不同体育内容对学生素质培养的研究中,野外生存与拓展训练集挑战性、冒险性、趣味性和实用性等特点于一体,对于学生的综合素质培养具有重要的意义和作用。因此,这两方面内容在学校体育教学中比例的增加将是我国体育教学的一个重要发展趋势,在未来学校体育教学发展中必将进一步受到重视。

第三章　高校体育教学模式

第一节　传统运动技能教学模式

一、背景

运动技能类教学模式主要沿袭了教育家凯洛夫的教育思想和教学模式,主要遵循学生认识事物的规律(从感性认识上升到理性认识)、运动技能形成规律(粗略掌握动作阶段—掌握动作阶段—自动化阶段),将教学过程细分为感知—理解—巩固—应用等几个阶段。该模式十分重视教师的主导作用,以教师为中心、为主导。传统的运动技能类教学模式侧重本体化的加工信息,即重视从运动技能形成角度来教学,把示范、讲解、练习、纠正错误动作、再练习作为教学的程序或过程,从而形成了传统的运动技能教学模式或程序式教学模式。

二、运动技能类教学模式的指导思想

此模式的主要目标是通过运动技术的学习达到掌握运动技能的目的。运动技术是指"能充分发挥人体机能能力,合理有效地完成动作的方法",对于各项运动项目而言,青少年学生对它既感新鲜,又觉困难,因为它只是在电视或比赛中见过,但从未在日常生活中体验过。因此作为体育教育者,首先应弄清动作技术的特征及其规律,才能有效地实施教法,教给学生。学习运动技术,掌握运动技能是该模式的指导思想,它的主要理念是通过运动技术的分段学习和细化学习,学生初步学习运动技能,并对运动技能的掌握达到自动化的程度。故运动项目的技术结构、过程及

其规律便成了该教学模式的理论依据,其中体育教学的单元设计、细化的课次设计均需按运动技术的结构来设计与安排。

三、运动技能类教学模式的操作程序

运动技能类教学模式的操作程序见图3-1。

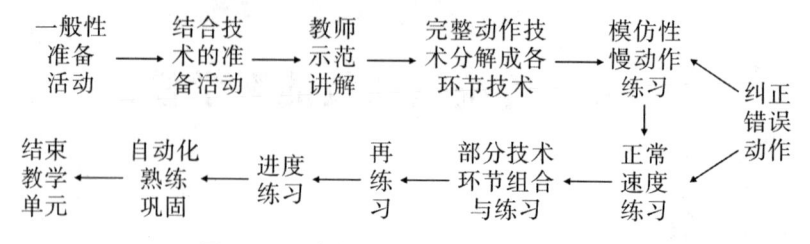

一般性准备活动 → 结合技术的准备活动 → 教师示范讲解 → 完整动作技术分解成各环节技术 → 模仿性慢动作练习 → 纠正错误动作

结束教学单元 ← 自动化熟练巩固 ← 进度练习 ← 再练习 ← 部分技术环节组合与练习 ← 正常速度练习

图3-1 运动技能类教学模式的操作程序

四、运动技能类教学模式的优缺点分析

(一)优点

此模式能充分发挥体育教师的主导作用,按运动技术结构循序渐进地进行教学,并安排细致的教学步骤,对学生学习较难的运动技术有相当的好处,是一种典型的传习式的体育教学模式。

(二)缺点

在长期的体育教学实践过程中,运动技能类教学模式一直是体育教学的重点所在,且沿袭至今,其主要的缺点表现在:

第一,教学中教师给予学生的是直接的正确答案,学生对为何要学缺乏正确的理解,从而影响了学生的主动性与积极性。

第二,从教学方法来看,该模式比较单调,缺乏趣味性,从而影响了学生的情绪。

第三,不重视学生的思维过程的开发,不注重比较同类或相似运动技术间的区别与联系,造成了运动技能间的干扰现象。

第四,由于运动技术项目的多样性,造成了各运动技术学习时数的严重不足。因而该教学模式影响了学生重复练习的时间,加上课外锻炼的有名无实,要使学生达到从运动技术的学习上升为掌握运动技能的阶段是不可能的。由此该模式在实际教学中自然产生了学生学而不会,看似学习了许多运动项目,实质上却没有一项能真正达到熟练程度。

第五,过多地考虑运动技术细节,忽略了学生的主观能动性,因此,学生的积极性、兴趣、热情不易调动,反而会产生对体育的乏味、枯燥、厌倦等消极情绪。

五、适用条件

运动技术比较复杂,学生人数较少,教学时数多,学生有一定的运动技能基础,适宜于初中以上学生使用。

第二节　启发式(发现式)体育教学模式

一、产生背景与特点

(一)产生背景

"发现教学"是指在教师的启发诱导下,学生通过对一些事实(事例)和问题的独立探究、积极思考,发现并掌握相应的原理和结论的一种教学模式。

"发现"的观念由来已久。以卢梭为代表的自然主义教育学派和以杜威为代表的实用主义教育学派,也都强调儿童独立发现的重要意义。此外,德国教育家第斯多惠曾说过:"一个坏的教师奉送真理,一个好的教师教人发现真理。"但真正使发现教学形成理论促使其新发展的,是美国著名的认知学派心理学家和教育家杰罗姆·布鲁纳。布鲁纳认为:"学习中的发现确实影响着学生,使之成为一个'构造主义者'。"

在 1960 年出版的《教育过程》一书中,布鲁纳用结构主义的观点阐述了他旨在改革美国中、小学课程的理论假说——"学科结构说"[①],并指出"在知识大爆炸时代,应寻求新的方法来向新一代传授那些正在快速发展的大量知识"。这里,他所寻求的新方法就是发现教学法。

(二)特点

1. 强调学习过程

布鲁纳认为:认识是一个过程,而不是一种产品。在教学过程中,学生是一个积极的探究者。学生的学习过程就是一个自我"发现"的过程。布鲁纳十分重视学生的主动性和积极性的发挥,认为学生应具备自我探究的积极性,想方设法寻找解决问题的方法,从而学会怎样学习。

2. 强调直觉思维

此模式十分强调学生直觉思维能力的发展。因为直觉思维与分析思维不同,它不是根据仔细规定好了的步骤,而是采取跃进、越级和走捷径的方式来思维的。直觉思维的本质是映像或图像性的,它的形成过程一般不是靠言语信息,尤其不靠教师指示性的语言文字。"直觉思维、预感的训练"是正式的学术学科和日常生活中创造性思维很容易被忽略而又重要的特征。机灵地预测、丰富地假设和大胆迅速地做出实验性结论,这些是从事任何一项工作的思想家极其珍贵的财富。所以,教师在学生的探究活动中要帮助学生形成丰富的想象,防止过早语言化。

3. 强调内在学习动机

此模式重视学生形成内部动机,或把外部动机转化成内部动机。发现活动能激起学生的好奇心,学生受好奇心的驱使,对探究未知的知识就会表现出兴趣。最好的动机莫过于学生对所学材料本身具有的内在的兴趣,有新发现的自信感。布鲁纳认为,与其让学生把同学间的竞争作为主要动机,还不如让学生把挑战自己的能力作为首要目标。因此,他主张通过激励学生提高自己才能的欲求,从而提高学生的学习效率。

在体育教学中,发现式教学模式是近些年来体育学者通过教学理论

---

① 叶浩生.心理学理论精粹[M].福州:福建教育出版社,2000:147.

的"移植"方式,运用到学校体育教学领域中的一种教学模式,也被称为"启发式教学模式"。它是指教师在体育技能教学中,在初步进行尝试性练习的基础上,设置一些事实(或事例)和问题,让学生积极思考,通过讨论,依靠自己去获取新的适应和解决问题的方法,从而进行更有效的运动技术学习,更快地掌握运动技能。与传统教学相比,该模式的最大特点在于改变了学生在教学活动中的被动地位,使学生在主动观察、判断、分析、归纳等解决问题的基础上,了解学习运动技能的意义,产生主动学习的动力。

二、启发式体育教学模式的指导思想

布鲁纳认为:"进行大规模的课程改革,至少还有一个重要事情尚待解决。这就是通晓某一学科领域的基本观念,不但包括掌握一般原理,而且要包括培养从事学习研究的态度、推理和预测的态度,以及独立解决难题的可能性,一个重要的因素是关于发现的兴奋感。"[①]这就是说,发现以前未曾认识的各种观念间的关系和相似的规律性,以及伴随着对自身能力的自信感。在《发现的行为》一文中,布鲁纳对这种新方法作了详细的描述,他指出:"发现不限于寻求人类尚未知晓的事物,确切地说,它包括用自己的头脑亲自获得知识的一切方法。"这就说明了发现教学法与传统的以讲授为主的教学方法的不同之处。发现教学法的特点,在于它不是把现成的结论提供给学习者,而是从青少年好奇、好问、好动的心理特点出发,在教师引导下,依靠教师和教材所提供的材料,让学习者自己去发现问题、回答和解决问题,使他们成为知识的发现者,而不是消极的接受者。

启发式体育教学模式的指导思想主要表现在:

一是体现以学生为主体、为中心的思想。

二是开发学生的智力,调动学生思维的主动性、积极性。

---

① 叶浩生.心理学理论精粹[M].福建教育出版社,2000:148—150.

三是不给学生现成的答案,而是让学生自己去探索问题的答案。

四是强调问题情景设置,使学生比较自然地进入情景,激发学生的学习热情。

五是调动学生学习的积极性,增加学生学习的趣味性,提高学生学习的有效性。

六是提高运动技能学习的效率。

三、启发式体育教学模式的操作程序

启发式体育教学模式的操作程序见图3-2。

设置教学情景 → 结合教学情景,提出问题 → 进行初步的尝试性练习 → 寻找问题答案 → 验证假说,得出结论 → 进行正常的运动技术教学 → 结束单元教学

图 3-2 启发式体育教学模式的操作程序

第一,设置教学情景。教学情景必须紧密结合具体动作技术的关键技术环节。

第二,提出问题,创设情境。引起学生兴趣,形成探究动机,并根据学生在练习实践中的体验,让学生思考与比较不同的练习手段完成动作的优劣。

问题情境是一种特殊的学习情境,情境中的问题既要适合学生已有的知识水平和能力,又需要经过一番努力才能解决,从而使学生形成对未知事物进行探究的动机。在这里,教师是资料的提供者,学生是分析者和探究者。

第三,进行初步的尝试性练习。在设置的情景中让学生自由发挥自己的想象力,运用不同的练习手段来完成运动动作。

第四,洞察、展望、分析、比较,提出假说,进行选择思维。学生利用给定的材料,在教师的指导下,通过相互讨论,运用已学的科学知识与原理,找出它们之间的关系。在寻求答案的过程中,充分利用直觉思维提出各种有益于问题解决的可能性等。在这里教师是支持者,学生是分析者和假设提出者。

第五,从事操作,验证假说,得出结论。运用分析思维对各种可能性

进行反复的求证、讨论,寻求答案。根据学生的"自我发现"提取出解决问题的方法,并把它付诸实践,提高学生运用知识、分析问题和解决问题的能力。在这里,教师是顾问,学生是分析者和探究者。

第六,进行正常的运动技术教学。

第七,结束单元教学活动。

四、优缺点分析

(一)优点

此教学模式侧重发展学生的智力,在学习过程中运用问题情景来激发学生学习的好奇心,调动学生思维的积极性,使学生主动地学习而不是被动地接受,并从中理解学习体育运动技能的意义。因此从某种程度而言,启发式教学模式有利于发展学生的智力水平,增加体育学习的热情与积极性,有助于运动技术的学习和学习技术效率的提高。

(二)缺点

从教学模式的评价方面,一方面,由于智力水平、情感体验等心理学指标难以测定,因此要比较该教学模式与其他教学模式的优劣性,一时之间难以判断;另一方面,由于教学中花费在问题的提出、讨论、解决方面的时间比较多,运动技能的学习与练习的时间则会相对减少,而运动技能掌握的主要诀窍就在于多练习,因此会对运动技能的学习与熟练掌握产生较大的影响。

五、适用条件

1. 具有一定理解能力的初中以上的学生,已经掌握一定科学知识与原理,如物理学中的力学知识、运动学知识,数学中的各个变量之间的关系原理等,并应具备一定的运动能力与经验。

2. 教学学时要充足,最好是大单元教学学时或选项课教学。

3. 体育教师应具有较高的教学水平与经验,善于运用灵活的教学方法、教学组织形式等来设置问题情景,并有效解决教学问题。

第三节 领会式体育教学模式

一、背景

领会式教学模式最早是由英国学者嘉宾在20世纪80年代提出的一种改造球类教学的教学过程结构,是试图通过从整体开始学习(领会)的新教程,改变以往只追求技能,而忽略学生对整个运动项目的认知和对运动特点的把握缺陷,以提高球类教学质量的教学模式。

二、领会式体育教学模式的指导思想

1. 先尝试,后学习。

2. 在尝试中了解与明白学习运动技术的重要性,以提高学生学习的主动性。

3. 先完整教学后分解教学,在掌握各分解动作的基础上再完整尝试,比较学习前后的效果。

4. 多以竞赛的形式开展教学组织活动,以提高学生学习的积极性、实用性。

三、领会式体育教学模式的操作程序

其侧重点在于让学生在实践中(活动中或比赛中)去发现问题,然后施以有效的教学方法,从而激发学生主动学习的积极性,因而也有助于提高学习的效率。其程序见图3-3。

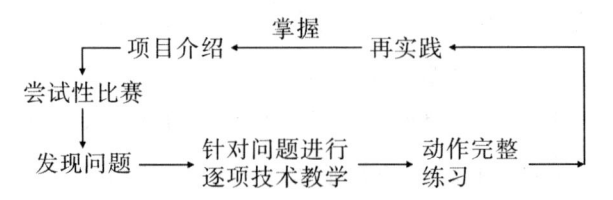

图3-3 领会式体育教学模式的操作程序

四、优缺点分析

(一)优点

先让学生在运动的初步体验中体会学习正确动作的必要性,然后教师有针对性地施以某些技术环节教学,使学生产生强烈的学习动作的动机和需要,极大地调动学生的积极性,并提高学生学习的效率。

(二)缺点

在尝试性比赛中,可能会因学生在运动技术方面缺乏了解而造成比赛的混乱、秩序的无常,场面难以控制。应尽量选择一些限制性的尝试性比赛,降低难度和要求,使学生慢慢进入活动角色。

五、适用条件

球类教学内容,具备一定理解能力的初中以上的学生,教学场地与器材较为充足。

第四节 小群体体育教学模式

一、背景

社会学认为,群体是个人存在的普遍形式。个人的存在就要通过自身的体力、智力、情感等要素的输出和对他人要素的摄取来表现自己。个人为表现自己的存在,就要与他人发生联系,聚合成群体。人群活动的基本单位,就是这样和那样的个人组合,即群体。任何群体都具有互助与互争的二重本质,互助是群体的内向本质,互争是群体的外向本质,群体之间往往表现为互争的形态。

规模较小的群体叫小群体,小群体是个人最直接、最重要的活动环境,对个人的心理意识、理想的形成、情感的获取都起到决定性作用,其基本特征是成员接触的直接性——互动。因此,体育教学中的小群体教学模式,是把学生分成若干个学习小组,在教师的指导下,同组学生与学生之间、小集团与小集团之间通过互动、互助、互争,增强学生学习的主动性,从而提高教学效率的一种教学模式。

二、小群体体育教学模式教学指导思想

体育教学中的小群体教学模式,其教学思想的背景比较复杂,但其基本思想是试图通过体育教学中的集体因素和学生间交流的社会性作用,通过学生互帮互学来提高学生的学习主动性,提高学生学习的质量,并达到对学生社会性培养的作用。需要指出的是,小群体学习的模式与以往为提高教学效率和进行区别对待的分组教学是有根本区别的。前者充分考虑了体育教学中的集体形成和人际交流的规律性来设计教学过程。

小群体教学模式具体指导思想表现在以下几个方面。

1. 强调组内学生的精神,并团结一致提高组内的竞争力。

2. 组间学生在条件基本均等的情况下合理竞技,激发学习的兴趣,提高学习的效果。

3. 培养学生胜不骄、败不馁的宽容意识。

4. 通过学生的互帮互助、合理公平的竞争,发展学生的社会适应能力、心理健康水平。

三、小群体体育教学模式教学程序

小群体体育教学模式教学程序见图3-4。

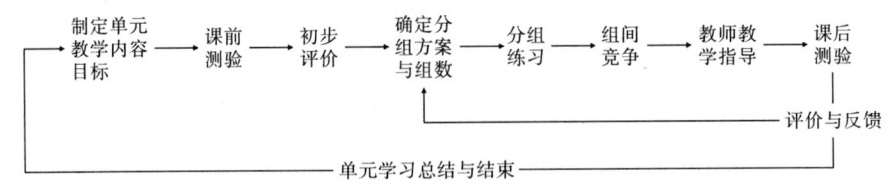

制定单元教学内容目标 → 课前测验 → 初步评价 → 确定分组方案与组数 → 分组练习 → 组间竞争 → 教师教学指导 → 课后测验 → 评价与反馈 → 单元学习总结与结束

图3-4 小群体体育教学模式教学程序

四、优缺点分析

(一)优点

小群体教学模式注重学生之间的合作性、相容性,同等基础条件下的学生组成一个集团或小组,可以更有效地调动学生学习的积极性、竞争性,也更容易培养与发展学生的社会适应能力,而这种能力的发展对学生将来从事社会工作是非常重要的。同时同组学生通过互帮互助,培养学生的合作能力;异组的学生竞争可以发展学生的竞技能力、面对困难的挑战能力等。

(二)缺点

由于小群体教学模式着重发展学生的社会适应能力,因此一方面在具体的体育教学中要在教学组织方面花上一定的时间,而这方面的组织工作需要较长的时间;另一方面,在学生方面也有一个适应过程,这种适应过程有时可能是很长的,因为学生之间的合作需要一个磨合过程。因此要发展学生的社会适应能力,就必须牺牲学生一定的练习时间,来做好各种组织工作。

五、适用条件

1.某个年级或某班级学生的合作能力与社会适应能力较差,需要在这些方面得到发展。

2.教学条件比较好,特别是教学器材充分,能满足教学分组的需要。

3.做好教学前后的测试工作,并记录下来作为教学参考的依据,做好教学的评价工作。

4.分组后,各组学生在教学中需要搞好合作关系,在课外也要把这种关系延续下去。

第五节 快乐体育教学模式

一、背景

有学者认为快乐体育教学是重视每一个不同运动所具有的独特乐趣,并可以愉快地从事运动学习,把运动中内在的乐趣作为目的和内容来学习的一种体育。同时认为其基本宗旨是:把运动作为体育追求的目标而不仅仅是手段,把运动作为学生将来生活的内容来教给学生,让他们能够理解、享受、掌握和创造运动,使运动文化成为自己生活内容中不可缺少的一部分。快乐体育的追求目标是蕴藏在体育运动中的无穷乐趣,而体育中的乐趣是独具魅力的,是体育的生命。因此,我们对现有的体育教材内容要重新认识和分类,构建新的教材体系,有目的、有计划地使学生体验不同教材的乐趣,从中认识体育运动的本质,体验运动的特点,增加体育教学的深度。

也有学者认为快乐体育教学是以运动为基本手段并采用适宜的教法,在发展学生身体的前提下,使学生得到理性的快乐体验,即以快乐心理体验为直接(显性)目标的体育教学。其作用是能够较好地提高学生体育学习的兴趣,养成锻炼的习惯。其特点是通过教师的指导使学生在乐中学、在学中乐,强调学习者的学习兴趣和成功体验。其教学过程是从体验发现到挑战学习,再到总结创造,强调不仅体验运动的乐趣,而且有学习、挑战、交流、创造等多种心理体验。

二、快乐体育教学模式的指导思想

快乐体育教学模式的指导思想具体体现在以下几个方面。

(一)注重整体教学思路,重视单元设计

体育教学犹如一个平台,它承载着认知与方法、运动技能、情感与态度,如果体育教学偏袒了哪一边,它都将失去平衡,影响教学的效果和质量。而大多数教师在实践时,对运动技能的准备较为充分,也开始注重学

生的兴趣和体验,但很容易忽视学生的学习方法和运动的相关知识介绍,把学生的认知过程当成一种陪衬,或者教学前的准备,在教案教学目标中有体现,不过教学实施中、教学评价时却又搁置了。体育单元教学可以较好地利用一类相似的运动技术或原理的共性。例如:有氧练习的教学单元,学会一两种运动方式,有一定的编操能力是运动技能所要达到的目标。但是有氧练习的心肺功能要求、编操的结构等有较类似的知识体系和方法,可以有意识地引导学生掌握这一类的认知规律和学习方法。

(二)灵活运用多种教学方法营造课堂和谐、合作的教学气氛

要尊重、强调学生的学习主体地位,提倡教学活动中学生认知、情感、行为的高度统一,达到运动技能与体验乐趣的双赢效果。注重教材内容的创新和迁移,结合教学实际,合理运用激励和其他手段,强调师生之间、学生之间的多向交流,在形式与内容上优化教学环境,培养学生正确的运动价值观与运动行为习惯。教师应利用学生"爱运动"的良好动机,运用多种教学方法让学生充分享受到运动的固有乐趣,改变其"不爱上体育课"的现象。

(三)利用自身优势,开发和改造教学条件和环境

无论是新课程理念,还是快乐体育思想,都有相对稳定的教学结构和教法体系,但同时又存在其适应的教学条件和环境。例如:快乐体育教学运用语言法和暗示法较多,需要教师的不断激励和关注。相对而言,低年级的学生较易接受,对班级集体要求有一定的凝聚力,课堂氛围较为活跃等。而新课程要求教师尽可能利用学校自身优势,开发和改造教学条件和环境。

三、快乐体育教学模式操作程序

快乐体育教学模式操作程序见图 3-5。

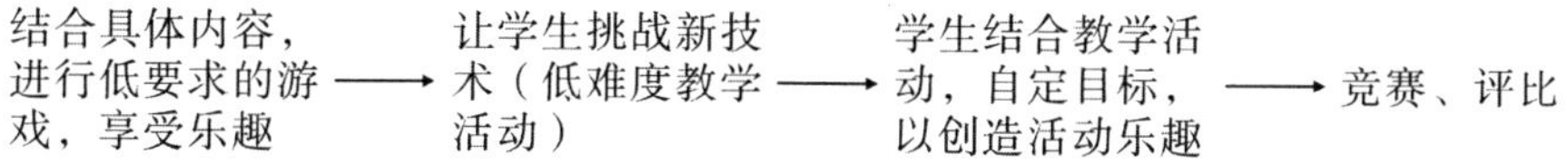

结合具体内容,进行低要求的游戏,享受乐趣 → 让学生挑战新技术(低难度教学活动) → 学生结合教学活动,自定目标,以创造活动乐趣 → 竞赛、评比

图 3-5 快乐体育教学模式操作程序流程图

四、优缺点分析

(一)优点

快乐体育的目的主要发展学生的感情因素,注重学生的情感体验,一方面对于改进目前的教学现状有比较大的意义;另一方面可以在无运动技术要求的情况下增加练习的时间,提高运动的能力。

(二)缺点

学习内容容易造成单调,对于学生的兴趣难以长期维持,因此需要体育教师不断变化教学方法与组织形式,以满足学生对体育活动的持续性兴趣与需要。

五、适用条件

1. 体育教师具有较为丰富的教学实践经验,善于开发运动项目的独特灵活的教学方法。

2. 教学内容的难度较低,或在教学过程中基本没有技术难度要求。

3. 学生对于一些基本的运动练习手段有一定的基础,并有一定的组织创新能力。

4. 比较适合高中年级以下的学生。

5. 教学场地、器材的要求比较高,能满足各组的教学与练习活动。

第四章　高校体育教学的创新研究

第一节　高校体育教学创新原则及路径

一、高校体育教学创新应遵循的原则

(一)主体性与超越性原则

体育教学创新的实质是把个体的地位、潜能、利益、发展置于核心地位,发扬人的主体性,其职能是最大限度地激发学生的积极性、主动性和创造性。摒弃教学方法单一、教学模式固定、管理方式死板的"一统化"的教育方式,使学生在教育教学活动中表现出高度的自主性、主动性和创造性。体育课堂的主导活动是以学生为主,教师的教只作为一种辅助形式,融于学生的各项活动之中。在发挥主体性作用当中,还应摒弃传统教育机械单向的"适应论",走向"超越论",创造出不以"重复过去"为己任,而是在人文本质上真正超越前人的一代"新人"。换言之,就是在教师的引导下主动参与体育课堂教学,使之由过去体育课堂单纯听口令的被动接受者变为主动受益者,成为体育课堂教学的主体。

(二)民主性与独创性原则

教师和学生对于知识、价值及其评价有着平等的发言权,因而在教学活动中是一种平等关系,这一平等关系又必须建立在一种民主宽松的教学氛围(如师生关系、教学环境、学生自由发展度等)基础之上。这样不仅能充分发挥学生的创造性思维和想象力,也有利于学生个性的发展。因为,个人作为教育主体不仅具有主体共同的特性,还具有独特性和差异

性。而民主平等的师生关系和生生关系,民主和谐的教学氛围使得师生间能够互相接受、互相适应、互相理解、互相尊重。

(三)全面性与发展性原则

创新教育是综合素质的教育,它涉及人格、智能、知识技能培养等诸多方面,其实质是培养人的自由全面发展。相对于应试教育而言,创新教育是一种注重完善学生健全人格的教育。作为体育教学来讲,一方面不仅要注重德、智、体、美、育在学生身心发展中的有机渗透,培养其崇高坚定的人生信念、坚韧不拔的奋斗志向、纯洁优秀的道德品质、超凡脱俗的审美理想、宽广渊博的文化素养和敏捷灵巧的生活技能;另一方面更要注重培养学生从事未来创造工作所必备的独特精神品质,如坚持探索、不随大流的独立人格,标新立异、破除陈规的批判精神,不拘陈见、富于变通的灵活态度,博采众长、吸纳百川而又独树一帜的宽广胸襟等。因而,体育教学创新更是全面性和发展性特征的完美体现,其宗旨就是实现学生认知和个性的全面协调发展。

(四)启发性与互动性原则

体育教学中学生创造性思维的激发和培养是建筑"创新"大厦的基础之一。通过体育教学,对学生施以积极的教育和影响,为使他们最终作为一个独立的个体,能够学会并善于发现和认识有意义的新知识、新事物、新方法,掌握其中蕴含的基本规律并具备相应的能力打下稳固的基础。但创造性活动并不是单方面的,而是师生间的一种互动,只有这样才能相互启发、相互激励、相互帮助,才能激发思维,形成创造性想象。而互动性在体育课堂中表现得最为明显,只有师生积极配合,才能发挥最佳的体育教学作用,才能使学生在互动过程中形成自己的知识结构、能力结构和人格结构,展示自己的独特性和创造性,培养积极参与的能力和态度。

二、高校体育教学创新的路径

(一)转变教育观念,更新教育思想是体育教学创新的前提

要从传授、继承已有知识为中心的传统教育,转变为以学习者为中心,着重培养学生创新精神的现代教育。教师要认识到"授人以鱼,不如

授人以渔"的道理,努力形成以主动参与、积极探索、主动思考、主动创造为基本学习方式的新型教学过程;要坚持教育的成功导向和正面鼓励,鼓励冒尖,允许"落后",不求全责备,充分发挥学生的个性;认清创新教育的核心是教为主导,学为主体,整个教学过程是在教师的引导下,充分发挥学生的主体性,引导学生主动学习、创造性学习。在创新教育中,教师应重视调动学生的主动性和创造性,开发学生的智力,促使学生由"要我学"转变为"我要学",从而迸发出极大的学习热情,并能够处于主动学习的最佳状态,从而为培养学生的创新能力打下基础。

(二)建立民主师生关系,创设学生创造性思维的氛围是体育教学创新的基础

斯坦福大学校长卡斯帕尔教授在谈到硅谷和斯坦福大学成功的经验时,认为宽松、自主的学习环境是培养学生创新能力的一个重要条件。德国海纳特教授提出:"教师凡欲促进他学生的创新力,就必须在他们班上倡导一种合作、社会一体的作风,这也有利于集体创新力的发挥。"实践证明,在专断的师生关系中,教学氛围沉闷,学生精神抑郁,学习非常被动。而在民主的师生关系中,学生会对教师产生信赖感、亲切感,从而形成有益于课堂教学的亲和力。教学氛围活跃,学生精神振奋,心情愉快,学习积极主动,有利于激发学生的创造性思维。因此,在体育教学中,教师要尊重学生的人格和权利,与学生建立民主平等的师生关系,形成健康、美好、愉快的气氛与情调。使学生在和谐、融洽、宽松的环境下学习锻炼,并不失时机地对学生在教学过程中显现出来的审美意向和创造性进行形成性和激励性评价,加以鼓励赞扬,使学生获得心理满足,激发学生学习的积极主动性。总之,体育教育必须走"民主化"的道路,师生之间应该建立合作、开放、真诚、平等、共融的密切关系。

(三)创建以学生为主体的新型教学模式和教学方法是体育教学创新的主要内容

第一,在教学模式中,应把体育教学和创造活动有机地结合起来,切实做到以下几点:一是摒弃传统的教师教、学生练的模式,引导学生积极地介入到教学活动之中,鼓励学生提出新方法、创造新游戏。坚持标准的

统一性和运动项目及运动方法的灵活性和多样性,充分发挥学生的潜能、特质和独特性。二是教师和学生都以研究的态度对待体育锻炼方法的学与练,针对学生身体素质的特点,选择合适的锻炼项目、方法和评价标准。鼓励学生提出新见解、创造新练法、形成新游戏。三是在竞赛活动中,鼓励学生自己提出训练方案和比赛策略。四是在体育游戏中不仅注重学生的身体素质培养,还要注重学生智力因素、情感因素和创新精神的培养。

第二,在教学方法上,教师应针对学生身体素质的特点,选择合适的锻炼项目、方法和评价标准,鼓励学生提出新理解、创造新练法、形成新游戏。例如,在竞赛活动中,鼓励学生自己提出训练方案和比赛策略。在体育游戏中不仅注重学生的身体素质培养,还要注重学生智力因素、情感因素和创新精神的培养。要随时诱导学生进行独立思考,鼓励学生提问题,即使提一些"离奇古怪"的问题也无妨。应鼓励学生大胆发言,对老师的某些观点提出疑问。老师的确有不如学生的地方,只因"闻道在先"才多了许多经验和方法。回答不出学生的提问,老师要敢于说让我"想一想""查一查",要敢于正视自己的不足,努力防错和纠错。

(四)提高体育教师的综合素质是体育教学创新的关键

创新教育在教师要求上,不再满足于传道、授业、解惑的传统功能和作用,而要求教师能在学生创新教育的过程中发挥引导和示范作用,即教育者能以自身的创新意识、思维以及能力等因素去感染、带动受教育者创新力的形成和发展。在某种意义上可以说,只有创新型的教师才能实施创新教育,才能培养出创新型的学生。因此,教师自身必须具备较强的创新意识和较强的创新能力,只有这样,教师才能从自己的创新实践中发现创新能力形成发展的规律,为创新教育提供最直接、最深刻的体验。最终在教学过程中,自觉地将知识传授与创新思维结合起来,发现学生的创新潜能,捕捉学生创新思维的闪光点,多层次、多角度地培养学生的创新精神和创新能力。因此,要实现体育教学的创新,教师必须具备以下几个方面的能力:

第一,具备深厚的文化功底和扎实的教学基本功。创新教育中要求有丰富多彩的体育课程项目,学生可自行选择适合自己的学习项目,这对于教师来讲无疑是一种无形的压力。因为教学内容的不同必然会带来教学方法、教学方式的变化,这就要求教师不仅要具备深厚的文化知识、艺术素养和丰富的综合运用知识的能力,还要具备扎实的专业教学基本功。要能够将其他学科知识、日常生活技能有机地结合在体育教学中,起到触类旁通的作用。通过教学艺术的积极引导,培养学生学会自主学习和综合运用知识的能力。

第二,具备驾驭教学情境发展走向、调控教学进程的能力。教师在创设情境教学时,首先,要把握好主题与学生情感产生的临界点,找出重要的情境适合于相应年龄学生情感的最近域,这样就能在较短的时间内激发起学生的情感;其次,应具备较强的教学组织调控能力,即在课堂教学中起到组织、引导、控制以及解答作用,要改变"一言堂""满堂灌"的弊病,形成以学生为中心的生动活泼的学习局面,这样容易激发学生的创新激情。这就要求教师一方面在组织教学中要有敏锐的观察判断和处理问题的能力。这是由于体育教学空间范围大、学生的兴奋程度较高,因此准确地预见和判断教学走向,对于控制好主题式情境教学有着极其关键的作用。另一方面要有较强的语言表达能力。教师的语言表达艺术既能激发学生情感的产生,又能在公正、公平、富有激励性的评价下,推动学生积极锻炼。

第三,具备积极的创新意识和创新能力。体育教学的创新要求教师必须突破传统教学模式条条框框的束缚,不断地运用创造性思维进行探索,善于吸收其他学科的新思想、新方法,通过自己的认识—实践—再认识—再实践,形成具有自身特色的现代体育教学方法。因此,这就要求教师必须具备积极的创新意识和创新能力:一是敏感性,即指容易接受新事物,发现新问题。二是灵活性,即指具有较强的应变能力和适应性,具有灵活改变方向的能力。三是独创性,即指产生新的非凡思想的能力。四是洞察力,即指能够通过事物表面现象把握其内在含义和本质特性。

第二节　高校体育教学中学生创新意识与能力的培养

一、高校体育教学的目标及学生创新意识的培养

(一)全面实施素质教育,为学生创造意识的培养奠定坚实的基础

素质教育与传统教育最根本的区别就在于它的全面性、全体性和自主性。全面性是要使学生得到全面发展;全体性是指教育要针对所有学生;自主性是教学过程中要使学生主动学习。结合高校体育教学的特点,利用有限的时间开展多种体育活动,使学生能够按自我兴趣、爱好和社会需要来选项,充分调动学生学习的能动性,从而给创新教育做好准备,这是学校教学的重要目标。

(二)改革教材内容,重构教材体系

体育教材内容的选择直接影响到学生体育意识的培养,所以高校体育教材的编写应根据学生体育锻炼的需要,其体系应从健身、娱乐、休闲等方面予以考虑,多选择一些难度小、易展开、趣味性强,融健康、娱乐、休闲为一体的项目。

(三)营造创新环境,培养学生的创新意识

高校体育教学要培养学生的创新意识就必须营造一种适宜的环境。例如,田径、武术、体操等项目,经过长期的演练已经形成了固定的格式,所以在这些项目的教学中主要是进行模仿学习,而各种各样的游戏和对抗性的比赛也能给学生创造性的发挥提供广阔的空间。此外,意识是行动的先导,在体育教学中培养学生的创新意识也是创新教学的一个重要环节。

(四)强化课外体育,扩大锻炼领域

从事课外体育活动不仅能对体育课起到互补和延伸作用,而且还能

使学生在课内学到的体育知识、技术、技能得到消化、巩固。由于课外体育是学生自己担任主角,它不仅可以培养学生的一般能力,而且还能培养其组织能力、管理能力和创造能力,对提高学生的综合素质,培养学生多方面的体育能力能够起到重要作用。

(五)开展丰富的校园文化活动,积极营造良好的校园文化氛围

校园文化对于高校学生陶冶性情、磨炼意志、塑造自我有着重要作用。校园文化是大学生成长和发展的直接环境,要大力开展丰富多彩的校园文化活动,积极支持和指导学生,共同营造生动活泼、健康向上的校园文化,使学生从中受到文化氛围的熏陶。同时,还要重视校园环境建设,建设一些优美的自然景观、人文景观,形成良好的学习和文化氛围,促进创新教育的发展。

(六)调整考试和评价方式,促使学生创新意识的提高

对学生学习效果的考核和评价一直是影响学生学习方向的重要因素,过分重视考试的结果和固定的考试形式一直是传统"应试教育"的最大弊端。改革传统考核与评价的方法,根据学生的实际情况,灵活掌握考试方法,不硬性规定考试项目则是解决此类问题的主要措施之一。

二、体育教学中的创新意识的培养方法

(一)思想的创新

发展娱乐性体育和健身性体育是转变学校体育教育观念的体现,也是当前学校体育的重要特征。

(二)教学方法和组织形式的创新

可以采用启发式教学,以达到在教学过程中"学"的中心地位,引导学生自己解决问题,促使学生积极参与教学活动。在掌握运动技能的过程中,发展创新意识,去创造更合理、更完善的技术动作。可以用发现教学法来不断刺激学生发现问题和创造活动的兴趣,用学导式的教学法将学生主体和教师主导地位统一起来,使学生自学和教师引导相结合,从而培

养学生自觉锻炼的热情,养成自我锻炼、终身锻炼的习惯。应改变以往的组织形式,使学生成为体育教学的主人。教师可以只说明活动的目的、要求,安排一些小型比赛,由学生自定规则,相互裁判等,以此来提高学生的参与热情,掌握裁判技巧,培养组织能力和创新能力。

(三)重视创新方法的传授和体育理论课的作用

发散思维和创造个性是学生创新意识构成的两个主要方面,创新意识的其他因素在体育教学中的作用也不容忽视。对体育知识和体育项目的充分了解是体育教学中学生创新能力培养的基础,理论课可以利用自身独特的优势,以图片、幻灯片、录像、电脑软件等高科技教学手段,形象而生动地阐述体育基本知识、专项理论和体育娱乐欣赏等内容;也可以利用多媒体视频、电脑软件等手段,对一些社会上比较流行而学校没有条件开展的,如网球、保龄球、高尔夫球等体育项目进行介绍、学习和模拟;还可以根据社会需要、男女学生对体育文化需要的差别,灵活地进行教学。这样可以充分挖掘学生的主观能动性,促进学生个性的发展,使他们的创造能力迅速得到提高。

第三节 构建高校体育教学创新体系

一、教学思想创新

建立面向未来的"求知创新"和"健康第一"的教学思想。主要体现在两个方面:一是掌握过去和现在的体育知识技能是为了更好地探索未知的体育;二是掌握未来终身的体育和健康的知识与技能。长期以来,高校体育教学存在的最大弊端就是为了过去而教而考,其重心过于局限。如果掌握过去的知识仅仅是为了解决过去和眼前的问题,而不是面向学生未来终身体育的需求,那么,学习的体育知识和技能将失去应有的意义,这显然对学生解决未来体育的新问题十分不利。当然,学生掌握过去的体育知识技能,有利于求新。但目前高校体育教学没有把更多具有创新性的体育教学内容纳入课堂之中,更缺少引导学生创新的教学方法。其实,"求知创新"的教学思想在中国早已有之。从古代孔子的"温故知新",到现代教育家陶行知"发古人未所发,明今人未所明"的教育思想,皆是习旧求新的教育思想。因此,为培养学生的体育创新能力,贯彻素质教育和终身体育思想,建立为增进学生现实与未来的健康而教的"求知创新"和"健康第一"的体育教学思想,把体育与健康教育的知识与技能的过去、现代和未来融为一体,并使其重心向未来转移显得十分必要。同时,这也是高等教育面向未来的改革思想与学校体育"坚持健康第一"思想的统一。其中,高校体育从以增强体质为中心向以健身为中心转移,这其实是把健康教育与身体教育(体育)有机结合在一起的表现,也是增强体质与增进健康的统一。

二、教学内容体系创新

(一)重视体育与健康教育相结合

现代体育教学已从传统的以运动技术为中心的传习式转向以增强体质为中心的新方式。体育从生物学角度增强体质,在劳动力密集的重体力劳动时代是十分可取的。但是,在未来劳动强度日趋降低的知识经济时代,它对于全面增进健康的作用却极为有限。世界卫生组织认为,健康是人的生物、心理、社会三者达到圆满的状态。大学生的健康是未来社会发展的需要,这也符合全国教育工作会议提出的"学校教育要树立健康第一的指导思想"。这就需要我们把身体教育与健康教育结合起来,构建新的体育教学体系。在这个新的体系中,身体教育是以增强体质和增进健康为目的的体育。体育未来是指人们根据未来社会和教育发展的变化,在体育理论教学和实践教学中,不断积极地探索体育自身发展与未来社会需求相统一的未知领域。在健康教育体系中,人的生理、心理和社会三维的健康是一个不可分割的统一体。传统的健康教育和过去的身体教育一样,偏重于从生物学角度研究人的生理健康或生物体能的提高,现在二者又转向从生物学和心理学两个方位研究增进人的身心健康。二者都有"社会的适应能力"的内涵,有人认为这一内涵就是个体在群众中为了生存与发展而进行的、正常的互助、协作、交往和理解生存与发展的能力。

这种能力可以促进个体主动适应社会,并与社会协调发展,这就是"社会健康"的基本内容之一。"社会健康"有广义和狭义之分,广义的社会健康是指采取科技与人文措施,抵制世界"公害"(自然与社会)的增加,促进人类社会健康生存与发展;狭义的社会健康是指人类个体或群体能够具备关心理解、宽宏大量、互助与利他、团结协作的适应社会的能力。

(二)增加有助于培养学生体育能力的教学内容

过去,高校体育以运动技术教学为中心,注重运动型教育,忽略了体育方法教学,这对于培养学生终身体育能力、增进健康十分不利。未来,重视培养学生体育能力的新型体育教学,在不忽视运动技术(体育手段)教学的同时,要十分重视体育方法教学(体育与健康相结合的方法)。体育方法教学对学生而言,它包括学法、练法和健康养护法等。健康养护法是配合身体锻炼需要,合理的饮食、睡眠、卫生、心理调节等保健方法。加强体育方法教学,要求体育教师在教学中不仅要传授运动技术,而且要把运动技术的健身原理学法、练法和健康养护法等终身体育知识技能传授给他们。

(三)增加面向未来的教学内容

长期以来,高校体育教学内容以解决过去和现实体育问题为重点,未来高校体育教学内容改革,应在探索中解决学生未来健身急需解决的问题。例如,体育理论课不但要传授现实体育锻炼、养护和观赏的知识,而且要积极探索传授未来社会所需的相关内容,找到高校体育与社会体育的连接点。其中,理论教学可以比实践教学稍微超前,这样能预测未来社会发展对体育的新需求,真正使体育教学更加富有前瞻性。

第四节　高校体育教学模式的创新改革

一、目前高校体育教学模式存在的问题

(一)教学理念较为落后

目前我国高校体育教学依然保持着传统教学的特点,教学方式较为

单一,授课方式都比较传统,主要是教师首先做一些示范,然后由学生进行模范练习。这种方式已经严重阻碍了新课程理念下教学模式的创新,我们要改进教学方式,注重教学方式的多元化,努力适应新形势下高校体育的教学理念,力求高校体育教学取得创新性效果。

(二)体育教学内容深度不够

众所周知,如果教学内容只是浮于表面,只做表面文章,那么教学内容就无法得到深入。目前很多体育教材存在只注重表面技术的问题,只注重大容量,而忽视了教材内容的深度。一些体育教材只是简单介绍体育运动的形式,而不能充分体现体育精神、民族精神,不注重培养学生的终身体育意识。教材内容的深度不够,就无法达到学生学习体育的真正目的,也就很难培养学生的创新精神。

二、高校体育教学模式创新改革策略

(一)明确教学目标,突破传统教学思想束缚

只有在学习的过程中确定明确的目标,才能向着目标努力前行。同样,教师在教学过程中也必须树立明确的教学目标,抓住教学难点和重点,注重教学技巧。教师在向目标前进的过程中一定要冲破传统教学思想的束缚,摒弃一些旧的教学理念,大胆创新教学理念,勇于创新教学模式,将现代化元素引入课堂,使得体育课堂集娱乐、健身等于一体,遵循学生的发展个性,使学生在轻松愉快的氛围中取得进步。教师的教学目标不仅仅是培养学生的运动技巧和专业知识,更重要的是培养学生终身体育意识,提高学生的体育能力,帮助学生增强体质,提高学生的综合素质,推动高校体育教学向着积极的方向发展。

(二)注重高校体育课程结构的优化

对我国高校体育教学进行研究,我们不难发现,其教学内容大同小异,几乎千篇一律。各个高校大多按照统一的教育计划来制定教学目标,其教学目标也十分相似,通过此种方式的教学,严重束缚了学生创新精神的培养。要想实现高校体育教学的创新,必须实现高校体育课程结构的

优化,在课程结构优化的过程中,我们要注重信息知识和技能技巧的创新。同时,也要将素质教育创新作为核心内容,努力做到使学生在提高自身身体素质的同时,提高自身的综合素质,促进学生的全面发展。

(三)注重教师素质水平的提升

要想实现高校体育教学的创新,在注重课程优化和教学目标制定的基础上,提升教师的业务素质水平也非常重要。因此,相关部门和领导要注重教师师资队伍的建设,要大力引入具有创新性思维、授课方式较为个性的教师,鼓励教师积极参与体育教学科研项目,培养教师的科研精神。在科研过程中激发教师的创新能力,这样教师才能更好地在教学过程中培养学生的创新思维,实现高校体育教学模式的创新与改革。

(四)更新教育观念,树立创新意识

开展创新教育,不仅需要一定数量的教师,而且需要素质过硬的创造型教师。也就是说,没有一支具有良好素质的教师队伍,创新教育就不可能顺利进行。具有创造精神的教师,能够利用一切机会和条件激发学生的创造欲望,满足学生的心理需要,并能够不失时机、随时随地进行创造素质培养。

现代心理学对创造心理的研究表明,创造力可以表现在人类的各种社会实践活动中,诸如身体运动、语言等方面,人们都可以有出色的发展和表现。因此,要真正承认学生有创造力,就要去发现学生的创造力,认识学生的创造力。传统教育观念以传授知识为核心,以培养熟练掌握书本知识的人才为目标,因此必然导致学生以教师、课堂、书本为中心,这不利于学生创造心理素质的培养。现代教育观以培养创新能力为目标,倡导以学生为主,积极引导学生勇于探索、积极思考,直至领悟知识的形成和发展规律,并在探究中培养学生的创新能力。以实践操作为主要手段的体育教学,要做到体育知识与运动实践的有机结合,教师应科学地设计教法,合理地选择学法,设计学生参与学和练的整个过程,努力创设贴近学生生活实际、适应社会需求的体育锻炼环境和运动训练项目,重应用、重实践,在应用和实践中培养学生的创新意识、创新精神和实践能力。

第五章 大学生体能训练的基本理论

第一节 体能与体能训练

一、体能概述

(一)体能的概念

体能一词最早源于美国,由英文"Fitness"演变而来,常常根据需要被表达为 Physical fitness、Physical conditioning、Physical performance、Physical capacity 等,并没有特定的专有名词。

从广义上讲,体能是指人体适应外界环境的能力。在英文文献中,常被用于表达身体对某种事物的适应能力。钱伯光在其所著的《Keep Fit 手册》中较为详细地解释了体适能的概念:身体适能(Physical fitness)简称体适能,包括与健康相关的体适能(Health-related Physical fitness)和与竞技运动相关的体适能(Sports-related Physical fitness)两大范畴,即良好的与健康相关的体适能可让身体应付日常工作、余暇活动和突发事件。与运动相关的体适能是可以确保运动员运动表现和成绩的能力,如爆发力、速度、耐力、柔韧和敏捷等,其目的在于取胜及创造纪录(见表5-1)。

体能可以分为健康体能和竞技体能。健康体能以增进健康和提高基本活动能力为目标,竞技运动体能以追求在竞技比赛中创造优异运动成绩所需体能为目标。体能的最高层次是机体对竞技运动的适应,运动训练是对人体极限能力的开发,要想创造优异的运动成绩,必须将影响运动成绩发挥的各种机体适应能力进行综合性的训练,并将其调整到最佳状态。

表 5-1 竞技(运动)体能与健康体能的比较

类别	竞技(运动)体能	健康体能
目标	竞争、胜利	健康
对象	运动员	全民
属性	特殊	一般
要求	高度	适度
时间	阶段性	终身
结果	未知	与努力成正比

对体能内涵的研究，使我们能够认识到健康与竞技运动对体能有不同的要求，可以帮助我们科学地解决运动实践中的各种问题。对于普通大学生或一般人来说，更多的是关注健康体能。体育运动可以提高健康体能，但是运动必须适量。为什么要适量？因为不同体能水平的人对运动量的承受能力不同。例如：体能好的学生在运动时，能承受较大的运动负荷，应付自如；而体能基础差的学生，就会感到很辛苦，运动进行不下去，甚至会发生损伤。因此，运动时要考虑每个人的体能基础，采用适宜的运动量。每一个人在不同的年龄阶段、不同的环境、不同的条件下都会有不同的健康需求，这时的运动应该适合其健康的需要。例如：一个人在儿童少年时期，特别需要体育锻炼来促进身体各器官系统的全面生长发育；在青年时期，需要体育锻炼促进肌肉形态和力量的增长，并保持体形；在中年时期，需要运动来保持旺盛的精力，预防疾患，以更好地承担工作与生活的责任；在老年时期，则需要通过体育锻炼减缓衰老，保持健康，做到延年益寿。另外，随着环境或条件的改变，运动的方法、方式也应随之做出调节或改变。例如在有规律的学习和工作环境下，可以安排定时、定点的体育锻炼，但如果是出差、外出实习、外出旅游，或是学习、工作繁忙等，就要根据实际情况做出调整，既能做到体育锻炼不间断，持之以恒，又不影响其他方面的工作。这种因人而异，因时、因地而异的获取健康的体能概念让我们进一步认识到，每一个人在各种不同情况下，都应选择适合自己的运动方式、运动量。坚持体育锻炼增强体能，才能获得和保持最佳

的健康状态。

(二)健康体能包括的主要内容

健康体能可视为身体适应工作、生活、运动与环境(例如温度、气候变化或病毒、细菌等因素)的综合能力。这种能力是我们完成学业、工作的基础,也是提高生活质量的基础。现代人工作压力大,每天要面对各种各样的问题,或因为工作需要经常加班。当代大学生面对激烈的就业竞争,都在努力积累知识,提高综合素质。不少同学选修各类课程,参加各种社会活动,把课余时间排得满满的。在这种情况下,如果没有一个健康的身体或没有较好的体能,就可能出现体力透支,感觉疲劳,长期下去,还可能发生慢性疾患。因此,拥有一个良好的身体,是应付繁重工作或完成学习任务的保障和前提。社会的发展让人们有了更多的余暇时间,如果我们想生活更加丰富多彩,有更多的精神享受,希望外出旅游或参加各种户外活动、拓展活动等,也同样需要身体具备能够适应外界环境各种变化的能力,否则可能坚持不了多久就会感觉到精神疲劳、体力不足,甚至可能使身体受伤。所以,拥有良好、健康的体能是提高生活质量最基本的条件。健康体能较佳者,精力充沛,有能力完成每天的学习、工作,有余力享受休闲娱乐的生活,亦可轻松应对偶然发生的情况。

健康体能主要包括心肺耐力、肌肉力量、肌肉耐力、柔韧性和身体成分五个方面。这是一般人为了提高学习和工作效率、预防疾病、增进健康所需要的体能。

1. 心肺耐力

心肺耐力又称心肺适能、有氧适能,是指一个人持续活动的能力,它与心脏、血液、肺和细胞代谢等功能有关。生命活动离不开氧气,在学习、工作或运动的过程中,氧气的需要量会增多。如果一个人的呼吸系统能从空气中获得较多的氧,并很快地通过血液循环将其运送到身体的各组织细胞,而细胞又有很强的利用氧的能力,这时机体的工作效率就高,而且能坚持较长的时间。可见心肺耐力涉及心脏、血液、肺和细胞代谢等方面的功能。研究发现,儿童时期心肺耐力随年龄增长逐步提高,到 16 岁开始逐渐衰退,25岁以后呈现每年平均约1%的衰退现象,但通过运动可以减慢其衰退的速度。心肺耐力与我们的健康密切相关:从日常的学习和生活来说,有好的心肺耐力,就不会因为要追赶一辆公共汽车而气喘吁吁;从健康的角度来看,拥有良好的心肺耐力,就可以减少各种心血管疾病的发生。因此,心肺耐力是健康体能组成中一个重要的因素,在体能评价中是最重要的评价指标。

2.肌肉力量

肌肉力量又称肌肉适能,是指一块肌肉或肌肉群竭尽全力收缩产生的最大力量。研究发现,肌肉力量在20—30岁时达到一生中的最高峰,30岁以后逐渐降低,65岁时的平均肌力为20—30岁时的65%—70%。从运动的角度出发,具备适当的肌肉力量是绝对需要的。因为日常生活中的大小动作,如坐姿、走路、跑步、举或提重物、做家务以及享受休闲活动等,都必须靠肌力来完成。如果没有一定的肌力,有些活动就会感到吃力,进而使肌肉产生疲劳,这时工作效率就会降低,在运动中易出现损伤,长此下去,会导致肌肉劳损等慢性疾患。因此,肌力是维持健康的基本要素。肌肉力量是人体各项身体素质的基础:适当的肌力使肌肉变得比较结实而有弹性,能维持比较匀称、健美的身材;适当的肌力可以提高动作效率,在应付同样负荷时会感到比较省力,对关节、韧带有较好的保护作用,能减少损伤的发生。同时,在享受运动休闲时,较大的肌力能使人具备更好的身体运动能力,可以拥有更多的运动空间,获得更多乐趣。

3.肌肉耐力

肌肉耐力是指一块肌肉或肌肉群在一段时间内重复进行肌肉收缩或维持某一固定用力状态的持久能力。日常生活活动或运动有一个共同的特点,就是肌肉必须在一定程度用力的情况下,持续一段时间。例如一个上午四节课,要求维持坐姿约4小时,这对躯干伸肌有一定的耐力要求,否则就会感到腰酸背痛。又如实验课往往连续进行几个小时,如果维持站姿的躯干与下肢伸肌没有较好的耐力,那么实验就不容易顺利完成。

肌肉力量与肌肉耐力虽然是两种不同的能力,但它们有密切的关系。

随着年龄的增长,肌肉组织功能退化,肌肉力量和肌肉耐力都会逐渐消退。为此,要不断地加强体育锻炼,以保持肌肉力量和肌肉耐力,减缓其随年龄增长而自然消退的速度。

4. 柔韧性

柔韧性是指身体各个关节的活动幅度及肌肉、肌腱、韧带、皮肤和其他组织的弹性及伸展能力。柔韧性与关节的解剖结构特点、关节周围组织的体积以及肌肉、韧带、肌腱和皮肤的伸展性等有关,年龄越小柔韧性越好,随着年龄的增长,柔韧性消退的速度也自然加快。

具有良好的柔韧性,表示肢体的运动、弯腰、伸展、扭转等都较轻松自如,身体更灵活,可以使我们日常的活动和运动更有效率。例如长时间坐着学习或进行工作的人很容易感到颈部、背部、腰部酸痛,甚至很容易患上腰背慢性疾病。如果有良好的柔韧性,就可以减少这些现象的发生。而在运动中,柔韧性越好,关节运动幅度增加,动作就越舒展、协调和优美,动作质量也就越高,同时有助于预防和减少运动损伤。因此,培养良好的柔韧性,是健康体适能中十分重要的一项内容。由于柔韧性自然消退的速度较快,因此在少年和青年时期加强柔韧性锻炼,对老年阶段能够保持较好的柔韧性有重要作用。

5. 身体成分

身体成分是指组成人体的骨骼、关节、肌肉、韧带、脂肪及内脏器官等。身体内脂肪含量的多少,对健康有重要影响。身体内脂肪可以分为两类:一类称为必要性脂肪,它存在于骨髓、肝、脾、肠、肌肉以及中枢神经系统等组织内,约占成年男性总体重的3%、成年女性总体重的12%。如果这部分脂肪过少,身体的正常生理功能活动就会受到影响,降低健康水平。另一类脂肪称为贮存性脂肪,这些脂肪大多堆积在皮下和主要脏器周围,其主要作用是保温、缓和机械撞击及能源储存。体内脂肪过多,造成肥胖,会给生活、工作带来诸多不便,而且严重影响健康,因为肥胖者在活动时心肺功能负担比其他人更重,需要消耗更多的能量。

流行病学的大量研究表明:成年人肥胖,尤其是腹部脂肪积累过多的肥胖与心血管疾病、高血压、脑血管意外、糖尿病、脂肪肝及某些肿瘤的发病有重要关系。另外，肥胖也会带来心理健康问题，从而影响寿命。

(三)运动体能的定义阐述

竞技体育领域所讨论的体能，特指运动体能，运动训练界习惯将之简称为体能。运动体能是运动员为提高运动技术水平和创造优异运动成绩所必需的身体各种运动能力的总称，即运动员在专项比赛中体力发挥的最大程度，也标志着运动员无氧训练和有氧训练的水平，反映了运动员机体能量代谢水平。竞技体适能主要包括速度、爆发力、协调性和灵敏性等素质。运动员为了获得竞技运动的优胜，除了应具备健康体能外，还必须获得竞技体能。它是运动员机体对外界刺激或外界环境适应过程所表现出来的综合能力，与人的运动能力有关，与人体适应能力有关，与人的心理因素，主要是意志力有关。

1992年出版的《教练员训练指南》中对运动素质的解释是："运动素质又称体能，它是指运动员机体在运动时所表现出来的能力。体能包括力量、速度、耐力、柔韧和灵敏。"2000年出版的体育院校通用教材《运动训练学》中对体能的解释是："体能是指运动员机体的基本运动能力，是运动员竞技能力的重要构成部分。体能由身体形态、身体机能和运动素质组成。"2002年出版的体育院校函授教材《运动训练学》中对体能的解释是："体能(身体竞技能力)是运动员竞技能力总体结构中的最重要结构之一，它是指运动员为提高运动技战术水平和创造优异运动成绩所必需的各种身体运动能力的综合，包括运动员的身体形态、身体机能、身体健康和运动素质。"

综上所述，体能在运动训练学中就是指运动员在运动中身体的基本运动能力。在此之后，又有大批学者就体能这一概念进行了深入的研究。

柳伯力等(1999年)认为，体能是指运动员为提高技战术水平和创造优异运动成绩所必需的各种身体运动能力的综合。

赵志英等(1999年)认为，体能是指运动员在专项训练和比赛负荷下，最大程度地动员有机体机能能力时对抗疲劳的能力。从某种程度上理解,这种能力就是专项耐力,或者也可以称之为持续从事专项工作的能力。

田麦久等(2000年)认为,运动员体能是指运动员机体的基本运动能力,是运动员竞技能力的重要组成部分,运动员的体能发展水平是由身体形态、身体机能及运动素质的发展状况所决定的。

熊斗寅(2000年)认为,体能是一个不确定的概念,有大体能和小体能之分,大体能泛指身体能力,包括身体运动能力、身体适应能力、身体机能和各项身体素质;小体能则是指运动训练中的体能训练和体能性项目等。

李之文(2001年)在《体能概念探讨》一文中提出,体能是经过身体训练获得的人体各器官系统的机能,在肌肉活动中表现出来的能力,它包括身体形态的适应性变化和力量、速度、灵敏、耐力及柔韧等身体素质。

孙学川(2001年)在《现代军事体能探索》一文中认为,军事体能是指军人在各种特殊环境下,为完成各种长时间、大强度和高标准的军事任务所必须具备的综合生物学能力,是一个融生理学、心理学和时间生物学等多学科素质为一体的综合生物学素质。

袁运平(2002年)认为,体能是指人体通过先天遗传和后天训练获得的在形态结构、功能与调节方面,及其在物质能量的储存与转移方面所具有的潜在能力,以及与外界环境结合所表现出来的综合运动能力。其大小是由机体形态结构、系统器官的机能水平、能量物质储备与基础代谢水平及外界环境等条件决定的。

杨世勇等(2002年)认为,体能是指运动员机体的运动能力,是竞技能力的重要组成部分,是运动员为提高技战术水平和创造优异运动成绩所必需的各种身体运动能力的综合。这些能力包括身体形态、身体机能和运动素质。

王兴等(2003年)认为,广义的体能是指人们进行日常生活所必须具备的相应的基本生活能力。狭义的体能是指人们进行各项体育运动而相应具有的跑、爬、攀、蹬等竞技能力。

刘庆山(2004年)认为,体能即身体能力,是指人体形态结构和各器官系统的机能积极适应运动训练、比赛以及日常生活需要的能力。在竞技运动中,运动员体能主要表现为各项身体素质。

我国现行的《运动训练学》教材中,把体能视为运动员先天具有的遗传素质和后天训练形成的运动员在专项中表现出来的机体持续运动的能力。对其所给的定义为:运动员体能是指运动员机体的基本运动能力,是运动员竞技能力的重要组成部分。在广义上,体能包括形态、机能和素质三个方面的状况;在狭义上,运动员的体能水平主要通过运动素质表现出来。运动员体能发展水平是由其身体形态、身体机能和运动素质的发展状况所决定的。身体形态是指反映人体生长发育状况的各环节高度、围度、长度、宽度和充实度等外部形态特征与心脏大小、肌肉的横截面等内部形态特征;身体机能是指人体各内脏器官的机能状态;运动素质是指在运动过程中,有机体在中枢神经系统的控制支配下,通过肌肉活动表现出来的各种基本运动能力。

尽管"体能"一词内涵多样,有多种不同的理解和表达,但综合以上诸多对"体能"的定义,它至少阐明了以下要点:经过先天遗传和后天身体训练获得,包含各项运动素质,受外界环境影响。它是我国在体育科学实践中融合了古今中外的诸多概念与思想而形成的具有我国特色的东西。根据我国的体育科学实践来界定体能定义如下:体能是指有机体在先天遗传的基础上,通过后天训练而获得的在形态结构、功能和调节方面及其在物质能量的贮存与转移方面所具有的潜在能力,以及与外界环境相结合所表现出来的综合运动能力。其大小是由机体形态结构、系统器官的机能水平、能量物质的贮备与基础代谢水平及外界环境等条件决定的,运动素质是体能的主要外在表现形式,在运动时表现为力量、速度、耐力、柔韧和灵敏等各种运动能力。发展和提高体能的最主要手段是运动训练。

(四)体能的基本构成

1. 身体形态

身体形态指人体的内外部形状,反映外部形态特征的指标有高度(身高、坐高、足弓高等)、长度(腿长、臂长、手长、头长、颈长、足长)、围度(胸围、臂围、腿围、腰围、臀围和头围等)、宽度(肩宽、髋宽)和充实度(体重、皮脂厚度等)等,反映内部形态的指标有心脏纵横径、肌肉的形状与横断面等。

身体形态与运动成绩有密切联系,不同的运动项目对身体形态有不同的要求,而遗传和环境等因素对身体形态起着重要的决定作用,因此选材时应从遗传等因素出发,把具有优越身体形态条件的儿童、少年挑选出来。身体形态在一定程度上反映着相应的生长发育水平、身体机能水平和竞技水平,在一定程度上影响着运动素质的发展。

影响身体形态的因素很多,如遗传、环境(自然环境、地理环境、气候等)、生活习惯、饮食等,都会在一定程度上决定或影响运动员的身体形态,因此对身体形态的训练不能只从训练的角度出发,也应注意其他手段的运用。

2. 身体机能

身体机能指机体各器官系统的功能,它是身体活动能力的基础。某一机能水平直接影响着运动时所需要的某一方面能力。人体的生理机能主要包括中枢神经系统、心血管系统、呼吸系统、消化系统、生殖系统、内分泌系统、物质和能量代谢、感官、体温等。运动训练中经常涉及的身体机能指标主要有:心血管系统中的心率、血压、血红蛋白、心血管系统运动负荷(哈佛台阶试验)、心电图;呼吸系统中的肺活量、呼吸频率、最大摄氧量;肌肉结构中的肌纤维数量、长度、类型;感官功能中的视觉、听觉、平衡机能;高级神经活动类型,血睾酮;等等。人的一切正常身体机能都是有遗传性的,同时又有变异性,如血型、血红蛋白、红白肌纤维比例等就表现出遗传特征。神经类型也有强烈遗传基础,且表现出一种显性遗传。其他如最高心率、最大吸氧量、血乳酸系统、ATP、ADP、CP、磷酸盐系统等受遗传影响也较大。

良好的身体机能是达到高水平运动成绩的先决条件,身体机能的许多指标既受遗传决定,也受环境影响,同时又有变异性,因此必须采用系统、科学的方法提高身体机能。对身体机能的训练主要通过体能训练、专项训练的途径去实现。科学合理的体能训练、专项训练可以有效地发展运动员的身体机能，同时运动员身体机能水平的提高又能有效地促进体能训练水平和专项成绩的提高与发展。

3.身体素质

《体育词典》中指出："身体素质是指人体活动的一种能力，指人体在运动、劳动与生活中所表现出来的力量、速度、耐力、灵敏及柔韧等机能能力。"这条定义指出了身体素质不仅包含人体运动的机能能力，而且也包含人体劳动和生活机能能力。

身体素质在体育运动中，可以看成是人体表现出来的力量、速度、耐力、灵敏以及柔韧等机能能力。这些机能能力在人体运动时主要表现为肌肉收缩力量的大小、完成单个动作频率的快慢、体位移动一定距离用时的多少、保持肌肉持续工作时间的长短、肌肉群之间活动的协调配合和各个关节活动范围的大小等方面。因为这些机能能力是在大脑皮质神经调节和有关组织器官的配合下以肌肉活动的形式反映出来的，所以身体素质又可以看成是人体在大脑及神经中枢的调控下，通过肌肉的活动所反映出来的机能能力。

人与人之间身体素质的水平差别很大，即使同一个人在不同年龄段和不同条件下也会发生很大的变化。变化的形式主要有自然增长、自然减退和训练增长。人们通过对各种肌肉群进行不同形式的练习，能有效地提高身体素质或在一定程度上延缓身体素质自然减退的速度。

(五)体能的基本特征

1.遗传是根本性因素

根据体能的定义我们可以清楚地得知，身体形态和身体机能是体能的主要构成，是体能的物质基础。运动员更是如此，没有合适的身体形态和身体机能，就很难适应这一项目，也很难在这一项目上取得突出的成绩。这时身体形态和身体机能在很大程度上表现为专项身体素质，例如体操运动员不可能在相扑比赛中胜出，相扑运动员同样不可能在体操比赛中获胜。众所周知,身体的形态结构和身体机能状况受遗传的影响非常大,身体素质中某些指标同样取决于先天的遗传。学者曾凡辉等(1992年)就遗传对体能不同指标的影响进行了研究,认为遗传对体能不同指标有影响,但影响的程度有所不同。遗传为身体形态和身体机能的形成和发展提供了必要的生理生化和组织结构的物质基础,后天的训练是在先天遗传的基础上,根据运动需要,使部分体能指标得到一定程度的提高或完善。但它们的内部组合很难从根本上改变,例如一个成年人即便经过长期艰苦的训练,身高也不会发生大的变化。也就是说,体能的诸多指标有很大一部分是通过遗传获得的,有些人即使没有任何训练,也可以表现出一定的运动水平,我们会说这人有运动天赋,这也正是运动选才的意义所在。

2. 后天的训练对体能发展影响巨大

体能的水平主要是通过后天训练获得的,没有长期、系统、科学的训练,体能的水平不可能有突破性的提升。体能的不同指标对运动负荷都有一定的适应性,经过长期、持续的有效训练,体能水平才能大幅度提高,但是停止训练后,已经获得增长的体能在停止负荷或较小负荷下会消退。下面我们从原理上进行一些分析。

(1)体能各个因子对运动负荷的适应。应激性和适应性是生物体最基本的生理特征之一。运动负荷的本质也是一种外部刺激,而且是一种非常强烈的刺激,并会导致机体非常剧烈的应答性变化。人们按照训练计划对机体系统地实施运动负荷刺激,其目的并非仅仅希望引起身体发生剧烈的应答性变化,而是希望通过身体机能的变化,多多少少能够获得一定程度的身体机能和结构的改变。长期、良性的运动负荷刺激,运动员身体会通过"结构重建"和"机能重建"等过程,使其形态、结构和机能发生有利于运动能力提高的适应性变化。如:肌纤维有所增粗,以产生更大的收缩力量;骨密质增厚,骨小梁的排列方向发生改变,使其能够承受更大的力量;糖原等能源物质的储备增加,相关酶的活性提高;等等。长期的运动训练过程实质上就是一个不断重复进行的刺激—应激—适应的过程,是一个身体结构与机能不断破坏与重建的循环过程,通过这个过程,运动员的体能得到不断增强,因此体能训练要长期坚持。需要注意的是,机体对不适宜的运动负荷刺激也能发生适应性变化,其适应的结果往往不是我们所预期的,如长期安排大负荷运动而恢复不足,机体产生的适应性变化的结果并非我们预期的体能的提高,而是发生过度训练或过度疲劳现象,体能反而降低了,这是一种不良适应。

(2)体能发展的连续性与阶段性是指体能的各项能力在青少年生长发育过程中的自然增长并不是平衡的、匀速的发展,而是在某些特定的年龄阶段,某一项或几项能力发展较快,呈现出在连续性基础上的阶段性特点,也就是平常我们所说的存在发展的敏感期。例如儿童运动器官和神经系统在生长发育过程中就存在"头尾发展规律",即首先发育的是头部运动,然后过渡到上肢运动,再发展躯干运动,最后发展下肢运动。身体肌肉的发育顺序是:躯干肌先于四肢肌,屈肌先于伸肌,上肢肌先于下肢肌,大块肌肉先于小肌肉。研究表明,8—9岁以后,肌肉发育加快,15岁以后,小肌群迅速发育,15—18岁是躯干力量增长最快的时期。在肢体的长度和围度方面,一般长度先于围度。身体素质是机体器官和系统机能的综合表现,其发展也存在明显的阶段性。

(3)体能可消退。体能训练所产生的适应性变化并不是一劳永逸的,而是随着负荷的停止会逐渐消退,消退的速度往往与获得的速度成正比。我们常可以看到运动员在退役以后,他的身体形态和身体机能都与在役时不可同日而语。有人做过实验:一组队员训练20周,每天训练,力量增大100%后完全不训练,这种训练获得的效果在40周后完全消失;另一组训练45周,每周训练一次,力量增大70%,在停止训练70周后,已获得的力量训练效果尚未完全消失。可见已经获得增长的体能在停止负荷或较小负荷下都会消退。这实际上对体能训练提出了要求,即体能训练必须全年不断进行,才会有预期的效果。

3. 体能内部因素相互影响

人体是一个有机的整体,是一个完整的系统。在运动实践中,力量、速度、耐力、柔韧和灵敏等身体素质在人体活动和运动中并不是孤立存在和发展的,它们彼此之间是相互影响、相互促进与相互制约、紧密相连的,表现的形式主要是综合性和转移性。

综合性是指在体育活动中,很少有一种活动形式只要求一种身体素质参与工作,一般都是两种或两种以上的身体素质综合发挥作用。

转移性是指在发展身体素质的过程中,素质之间存在着转移性特点。素质间的转移是指发展某一种素质的同时,会对同类素质或其他素质的发展产生某种影响。产生素质间转移的原因主要有三方面:其一,人体各器官系统是相互协同、相互联系、相互促进和相互制约的。运动员在运动中表现出来的某种素质不是单单依靠某一个器官和系统,而是在中枢神经系统的统一支配下,各器官系统机能综合作用的结果。其二,运动动作结构和机体肌肉工作特征的相似程度越大,素质间良性转移的可能性也就越大。其三,能量供应来源的同一性。素质提高的一个主要原因是通过训练使有机体能量供应的状态得到改善。

二、体能训练

(一)体能训练的含义解析

体能训练是运动训练的重要内容,是发展运动员竞技运动能力的重要途径。人们对体能训练理论及基本概念的认识是一个历史的过程。早在远古时期,人类在与大自然的搏斗中所产生的原始体能活动,如攀登、跑步、跳跃、投掷、超越障碍和游泳等,就孕育了现代人类力量、速度、耐力、柔韧、灵敏等运动素质的基本痕迹。随着人类社会的发展,从公元前776年到公元393年的古希腊奥运会时期,就已经出现了掌握一定训练知识的专业教练员。当时人们已懂得了运用负重练习来发展跳跃能力、用举重物来发展力量的方法。

到了近代,人们对体能训练的有关问题有了更多认识。1787年,德国学者P.菲劳梅发表了《身体形成问题》,阐述了身体练习原理。1836年,德国的韦伯兄弟将力学实验引入运动人体的研究,写出了《人走步器官的运动力学》一书,对走、跑及其他运动结构进行了分析研究。1883年,法国人格拉朗热将生理学应用于运动训练,发表了《不同年龄身体练习的生理学》,用生理学的有关原理阐述了体能练习的一些基本问题。

1896年现代奥运会兴起以后,运动训练先后经历了四个发展阶段,即自然发展阶段(19世纪到20世纪20年代)、新技术阶段(20世纪20—50年代)、大运动量阶段(20世纪60—70年代)、多学科综合利用暨科学训练阶段(20世纪80年代至今)。特别是20世纪50年代,随着训练实践的不断发展,运动技术水平的不断提高,新兴科学技术在体育领域的应用,新的训练理论、方法不断涌现,运动训练理论有了很大发展,先后形成了一般训练理论、项群训练理论和专项训练理论,运动员体能训练问题的研究受到了普遍重视。苏联的奥卓林、扎图奥尔斯基、库兹涅佐夫、霍缅科夫、马特维耶夫、库兹涅佐娃、普拉托诺夫,民主德国的哈雷,联邦德国的葛欧瑟,加拿大的博姆帕,日本的猪饲道夫,美国的霍克,我国的过家兴、田麦久、延烽、万德光、王保成、唐思宗、杨世勇等学者,在其著作或发表的文章中,都先后探讨了与体能有关的身体素质训练问题,有些还进行了比较深入、系统的研究。

根据前人的认识,我们认为体能是指运动员机体的运动能力,是竞技能力的重要组成部分,是运动员为提高技战术水平和创造优异成绩所必需的各种身体运动能力的综合。这些能力包括身体形态、身体机能、运动素质。其中运动素质是体能最重要的决定因素,身体形态、身体机能是形成良好运动素质的基础。体能训练的概念可以表述为:体能训练是运动训练的重要组成部分,是结合专项需要并通过合理负荷的动作练习,改善运动员身体形态,提高有机体各器官系统机能的活动能力,充分发展运动素质,促进运动成绩提高的训练过程。它是技术训练和战术训练的基础,并对掌握专项技术、战术,承担大负荷训练和激烈比赛,促进运动员身体健康,防止伤病以及延长运动寿命,都具有极为重要的意义。

体能训练包括一般体能训练和专项体能训练。二者的主要区别如表5-2所示。

一般体能训练是指为增进运动员的身体健康,提高各器官系统机能,全面发展运动素质,改善身体形态,采用多种非专项的体能练习手段,掌握非专项的运动技术、技能和知识,为专项成绩提高打好基础的训练。

表 5-2　专项体能训练与一般体能训练的区别

	专项体能训练	一般体能训练
任务	(1)提高与专项运动有关的器官系统机能 (2)最大程度地发展专项运动素质 (3)塑造专项运动所需的体形 (4)精确掌握与专项运动技术、战术有关的知识和技能 (5)促进专项运动成绩和技术水平的提高	(1)提高各器官系统机能,促进身体健康 (2)全面发展运动素质 (3)改善身体形态 (4)掌握非专项运动技术、知识和技能 (5)为提高技术水平创造一定条件
内容	直接发展专项运动素质的练习,以及在动作特点上与专项动作结构相似的练习,或有紧密联系的专门练习	多种多样的对全面发展运动素质、身体机能有益的身体练习手段,如球类、体操等
作用	直接提高专项运动素质,促使运动员创造优异的专项运动成绩	为专项运动素质的全面发展和专项成绩的提高打好基础

专项体能训练是指采用直接提高专项素质的练习以及与专项有紧密联系的专门性体能练习,最大程度地发展对专项成绩有直接关系的专项运动素质,以保证掌握专项技术和战术,并在比赛中顺利有效地运用,从而创造优异成绩的训练。

一般体能训练和专项体能训练的主要联系:一般体能训练是专项体能训练的基础,一般体能训练为专项运动素质的提高创造必要的条件;专项体能训练则是提高专项运动成绩的特殊需要,并直接为创造优异的专项运动成绩服务。随着专项水平的不断提高,一般体能训练所提供的基础及专项体能训练的要求也要随之改变,以适应专项提高后的要求。一般体能训练和专项体能训练总目标是一致的,在训练实践中往往难以分开。

(二)我国现代体能训练的现状与发展历程

从 20 世纪 90 年代末开始,体能训练的理念被引入我国。但长期以来,我国体能训练理念仅局限于耐力训练和力量训练,其训练形式主要是跑步训练和大强度力量训练，不仅对提高运动员运动能力没有起到应有的积极作用，而且在一定程度上成为制约我国相关运动项目发展的瓶颈。

综合大量文献与相关资料，笔者总结分析了我国现代体能训练的现状与发展脉络，认为现代体能训练的历史发展应分为四个阶段：

1. 理论引进阶段：20世纪90年代末期至2004年

从20世纪90年代末期开始，随着北京奥运会先后申办并成功获得主办权，我国体育事业迎来全新发展机遇。20世纪90年代，竞技体育一线训练中逐渐开始重视体能训练，但认识上是模糊的，理论上没有支撑，实践上以田径、举重为基础。当时，大部分的体能教练都来自田径和举重项目的教练员，主要训练方法也以速度、力量训练为主，训练方法较为单一，专项化程度不高。

为加强我国备战北京奥运会科学化训练水平，国家体育总局先后组织多期高水平教练员和体育专业人才赴德国、俄罗斯、法国、澳大利亚、美国等国家培训交流。培训的过程中一批新的训练理念、训练方法和技术不断地被引入国家队备战重大比赛的训练中。同时开始逐渐应用一些可定量的方法对训练过程进行质量监控，特别是对美国、德国等国家的体能训练的一些新理论、新方法感受强烈，引发了我国竞技体育领域的科研人员、教练员对现代训练和体能训练的新认识与新思考。

2001年以后，我国水上项目在备战雅典奥运会期间，在曾凡辉教授的影响下，提出"自主力量训练"的概念，就是利用自身体重和轻器械进行身体训练的一种理念。随后，袁守龙博士组织翻译出版了《高水平竞技体能训练》，这是国内最早介绍功能训练和FMS的译著。同时，如何做好不同运动项目专项体能训练也日益受到教练员、运动员和科研人员的重视，训练过程中也开始逐渐尝试引进国外一些理论研究成果和实践训练方法。而北京市体育科学研究所的闫琪博士组织翻译出版了《游泳专项体能训练》这一专著，逐步拉开我国运动项目专项体能训练理论研究与实践应用的序幕。从此，我国现代体能训练的理论与实践工作逐渐走入人们的视野。

2.学习消化阶段:2004年后期至2008年

随着北京奥运会备战工作的进一步推进,为加快推进体育强国各种训练理念、思想与方法,特别是先进的体能训练理念与方法对我国竞技体育水平的促进、推动作用,从2004年开始,国家体育总局科教司邀请美国体能协会(NSCA)有关专家到我国进行体能培训,先后举办4期美国国家体能协会认证体能训练专家培训,一批理论水平强、实践经验丰富、努力上进、对体能训练特别感兴趣的年轻教练员和科研人员积极参加培训,并进行了美国体能协会体能教练(CSCS)考试认证工作。这期间,有十多位科研人员与教练员通过考试,获得证书。这是我国第一批获得国际体能教练资格认证证书的人员。随后,2006年在国家体育总局领导的支持下,在体育总局人事司、科教司和竞体司的指导下,干部培训中心组织第一批20多人的"国家级教练员赴美体能训练培训班",到美国体能协会、马里兰大学等地进行为期21天的学习,这也是国内第一次全面接触美国的体能训练。此后,每年体育总局都会派出1—2批教练员和科研人员到美国或其他体育强国去学习,为国内培养了一批从事体能训练研究的学者,把全新的科学体能训练理念引入各支国家队。这一系列工作逐步打开了我国竞技体育领域国际体能训练的窗口,带动我国现代体能训练从注重抗阻训练向训练手段多样化、实用性迈进。

通过学习与交流,大量国外先进的有关体能训练的理论成果、训练手段与方法被逐步引进,如悬吊训练、振动训练、康复性体能训练、"核心力量"训练、功能性训练等一批新的训练理论与方法被不同项目国家队和各省市地方队教练员、科研人员学习,并逐步应用于训练实践,中国的教练员和科研人员在朦胧中逐步学习、消化,并在训练实践中摸索适合我国运动员的具体训练手段与方法,并将总结出的有关经验与方法应用于备战2008年的奥运会训练实践中。

3.吸收应用阶段:2008年奥运会后至2012年

随着2008年北京奥运会的华丽落幕,我国竞技体育实现了位居奥运会金牌榜第一位,圆满完成了中国人的百年奥运梦想。在备战2008年奥运会的过程中,我们国家的部分学者、科研人员和教练员在训练实践中学习国外体能训练理论代表性的理论成果,同时将这些成果逐步应用到备战奥运会的训练实践中,并在实践中积极分析训练过程、总结训练经验与效果,探讨训练中存在的问题,逐步形成一些符合我国体能教练员培养、训练理论和实践训练方法的理论与应用成果,体能训练理论建设与实践效应逐渐体现。在2008年奥运会后的1—2年中,由上海体育职业学院牵头翻译出版了美国体能协会体能教练培训教材《体能训练概论》(Essentials of Strength Training & Conditioning)。这本著作的出版,为开启我国体能教练职业能力培养奠定了基础,为我国体能教练与国际接轨拓展了途径。同时,我国一些学者也陆续完成并出版了一些体能训练方面的专著,如由张英波博士编著的《现代体能训练方法》、屈萍博士编著的《核心稳定性力量训练》、孙文新博士编著的《现代体能训练——核心力量训练方法》等。这些由我国学者在学习借鉴国外先进的体能训练理论和实践内容的基础上,再经过2008年奥运会备战过程中训练实践的应用与检验后形成的理论成果,为日后形成我国体能训练理论体系与方法打下良好的基础。

此阶段,我国体能训练取得一系列理论与实践成果。

(1)在理论上,核心力量、动作模式、功能训练、动力链等新概念成为理解现代体能训练的基本框架与核心,在此基础上提出"身体运动功能训练"这一本土化概念。

(2)在实践上,协助运动员在2012年奥运会、2009年和2013年全运会备战中专项能力提高、伤病预防与控制,在奥运会和全运会上争金夺银等提供的巨大帮助。

(3)在发展上,北京市体育科学研究所率先在国内建立"功能性体能训练实验室"和"科学体能训练研究团队",举办"体能训练专家论坛";上海体育科学研究所成立"自行车专项体能训练实验室",举办"国际运动训练创新论坛";山东省体科所、广东体育局、北京体育大学等单位也先后成立与体能训练相关的研究室或实验室,以体能训练为专业研究方向进行了大量的探索与实践,取得丰硕成果,并重视转化的训练动力。

因此,本阶段是系统全面地学习、消化、借鉴、嫁接现代国际体能训练理念、理论和方法的重要时期,成为推动我国训练创新和科学备战奥运会的重要动力。

4. 蓬勃发展与创新阶段:2012年奥运会后至今

现代体能训练从20世纪90年代末引入我国,其发展主线与核心是服务优秀运动员备战奥运会与国内外重大比赛。2012年奥运会后,现代体能训练的概念已被我国广大竞技体育工作者所熟知并认可,并取得了较为丰硕的成果,在理论研究和实践应用方面初步形成"本土化,多元化"的发展特点。

(1)竞技体育领域:呈现"本土化,多元化"的发展特点

国家体育总局、各省市体育局为了进一步推进现代体能训练在备战2016年里约奥运会和2020年东京奥运会中的积极作用,从以下五方面入手,积极推进竞技体育领域体能训练的科学性、有效性:一是积极加大了与美国体能训练有关机构的合作力度,同时进行了本土化理论建设和方法创新,推进了体能训练"四位一体化"实践探索;二是2017年成立中国体育科学学会体能训练分会,开展中国体能教练认证培训体系研究,组织《中国体能教练培训教程》编写工作;三是国家体育总局成立备战东京奥运会身体功能训练团队,联合国家知名体能训练专业机构和国内体育高等院校、科研院所,为备战奥运会提供理论研究、训练实践服务等方面工作;四是部分体育高等院校设立体能训练专业,加快专业体能和身体运动功能人才培养;五是召开了系列体能训练国际会议和专题会议,出版了一批体能训练教材,全面推进体能训练在竞技体育领域的应用。

2012年伦敦奥运会至今,在竞技体育领域,体能训练在理论研究、实践应用、交流互动等方面均取得显著成果。

(2)全民健康领域:呈现"内容丰富,门槛较低"的发展特点

国务院在2016年3月17日颁布的《中华人民共和国国民经济和社会发展第十三个规划纲要》中明确指出:实施全民健身战略。1996年、

2001年、2007年和2015年4次全国群众体育调查数据统计结果表明：我国经常参加体育锻炼人数比例逐渐增加，由1996年的31.4%增加到2015年的39.8%；经常参与锻炼人群的运动项目较"多样化"，在不同时期略有不同，而以"健身走""跑步"为主的健身活动人数占比最高，分别超过总人数的60%，体现出"门槛低"，大众接受程度高；2015年统计结果显示，参与体育活动人数从多到少依次为健身走跑步、小球类、广场舞、大球类、健身操、舞蹈、武术、游泳、登山；参与运动的形式上，"个人独自进行体育锻炼""与家人一起锻炼""参加社区组织的体育活动"所占比例都有增加。

(3)儿童青少年领域：呈现"刚刚起步，空间巨大"的发展特点

众所周知，近30年以来，我国儿童青少年体质与健康水平持续下降。但是，具体分析组成"体质与健康"的指标体系不难发现，其中健康的指标，如牙齿检查、血液检查、蛔虫卵检查的结果，大部分指标是好转的、上升的，只有与体能相关的部分（机能与身体素质）的测试结果是持续下降的。也就是说，随着经济的发展、社会的进步，与健康紧密相关的医学问题大部分解决了，而与体质有关的指标，问题却越来越严重。

目前我国对青少年儿童体能的研究相对较少，我国专家学者对青少年儿童体能的相关研究关注点更多集中在竞技体育，而国外专家则是集中在大众健身领域，而且对一些相关问题的认识，专家学者并没有达成一致。可见我国青少年儿童领域体能研究才刚刚起步，还有很多值得不断探索的地方。

(4)老年康复领域：呈现"需求旺盛，基础薄弱"的发展特点

据统计，2016年我国65周岁以上老年人口1.44亿人，占总人口的10.47%，而2005年这一数据为1.01亿人，占总人口的7.70%，10年间老年人口增长了0.43亿人。老年人往往容易患上高血压、糖尿病、骨质疏松症和颈肩腰椎疼痛等各种老年病。通过查阅文献发现，目前国内外与健康老人的运动处方相关的研究较多，而对于如何进行有效的运动干预以增强失能老年人体质，特别是如何针对失能老年人的肌肉力量开展

有效的运动处方干预措施,还存在较大的研究空间。特别值得注意的是,老年人跌倒会产生严重的不良后果,如软组织损伤、骨折、心理创伤及损伤后长期卧床导致的一系列并发症等,跌倒入院增加了社会和家庭的负担。由我国现状可见,老年康复领域的需求会逐年旺盛,成为当今社会亟待解决的问题。

(5)特殊人群领域:呈现"虽有开展,水平有限"的发展特点

近年来,特殊人群领域的体能训练也开始受到关注。人们常用"智商"测量人的智能,现在人们开始用"体商(Body Quotient,简称 BQ)"测量人的体能。体商是指一个人活动、运动、体力劳动的能力和质量的量化标准。体商的高低与性别、年龄、脑力和体力劳动、地区、民族以及是否残疾等有关。

通过文献查找发现,我国在 20 世纪 80 年代开始有关于军事体能的研究报道,但是研究水平较有限,每年公开发表的论文不超过 120 篇。专业的期刊仅有《军事体育学报》。目前研究内容涉及军人体能训练方法、损伤防护、监控与评估、医务监督、现状与发展等。由于军事话题相对敏感,从事相关工作的人涉及领域有限,真正从事体育运动研究的人还不多。该领域深入研究可能需要不同专业背景和不同职业的人共同探讨和延伸研究。

在其他特殊人群研究领域中,现阶段的研究也较有限,虽有开展,但研究广度和深度都还很不足,都有较好的发展前景。

(三)我国现代体能训练的发展路径

1. 系统整合,推进我国现代体能训练体系的理论与实践由"碎片化"向"系统化"转变

现当代的体能训练体系不仅仅是"悬吊训练""振动训练""康复性体能训练""核心力量训练""功能性训练""动力链""动作""热身与放松"等这些不同类型的理论与实践,而是应该将这些碎片化的内容进行有机整合,根据不同类型训练目标,通过运动能力测量、运动能力评估、体能训练计划制定、体能发展目标和体能训练实施五个紧密衔接的过程完成不同

类型的体能训练,这是一个非常系统的过程。因此,我国未来体能训练发展过程中,我们必须系统整合体能训练过程中的各种理论、方法和技术,建立以动作和能量代谢为基础,以具体训练内容和方法为途径,以训练质量控制和提高为核心的"系统化"的我国现代体能训练理论与实践体系,最终"架起科学与实践之间的桥梁",从而在我国体能训练领域实现"理论研究和实践操作紧密结合、体能教练专家理论与实践兼备"这一最终目标。

2. 重视体能教练员在训练中的地位,逐步建立现代体能教练培养系统

虽然近年来体能教练在我国高水平运动队备战奥运会过程中的作用越来越突出,在全民健身过程中的地位也越来越重要,但目前我们还没有建立较为完善的体能教练培养系统。而在很多体育强国,其体能教练的培养系统较为完备。

为什么社会对体能教练员需求旺盛,但我国至今未有较为系统的体能教练培养体系?究其根本原因,是这一职业类别在国家层面并未引起重视。截止到目前,人社部还未设立体能教练这一职业种类,这一情况严重制约了我国体能训练专业人才培养的进程。下阶段我们如何做好体能教练的培养工作呢?我们体育系统应从以下两个层面努力推进:一是竞技体育层面。大力重视国家队备战重大比赛过程中体能教练的地位,配备专职体能教练,让体能教练成为运动训练组织结构中的重要组成部分。二是全民健身层面。必须规范健身体能教练的任职资格认定,提高专业能力要求,实行分类管理与考核,努力建立现代体能教练培养系统。

3. 应建立适合我国国情的现代体能训练理论与实践、培训与认证体系

虽然近20年我国体能训练事业发展非常快,取得了巨大的进步,但我国目前尚无自身的体能训练理论与实践、培训与认证体系。目前,国外体能训练理论与实践、培训与认证体系分为三类,主要包括大学(春田体育学院等)、协会(NSCA、NASM、ACSM、ACE等)和公司(EXOS、VSP、

IMG等),这三种类型有同有异,在培养过程中可针对不同的目标人群、未来发展方向、个人关注重点等方面设定学习课程和培养方案。目前,我国现代体能训练体系中还不存在类似这样的培养体系,虽然近年来部分大学开始招收体能教练方向的学生(如北京体育大学、河北师范大学、上海体育学院、武汉体育学院等),但还存在课程体系、学生理论基础能力、师资力量不足等问题。目前,我国市场体系短期培训更是鱼龙混杂,存在水平参差不齐、乱象丛生等问题。未来,建立适合我国国情的现代体能训练理论与实践、培训与认证体系,必须做好以下三方面的工作:

(1)政府做好引导

首先,政府需要全面调研社会对于体能教练需求状况,并协同相关实施部门和学者做好不同层级的体能教练培养的中长期发展规划。其次,根据已确定的发展规划,制定相应的管理政策,并授权相关大学、行业协会等完成不同类型的各项工作。最后,政府一定要依据已制定的发展规划和管理政策,做好组织、协调和各方面的管理工作,做好管办分离,做好各方面的引导工作。

(2)市场做好运行

未来体能训练理论与实践、培训与认证体系的建设,社会(行业协会)与市场系统将扮演重要的角色。因此,在政府引导和授权的基础上,社会(行业协会)与市场系统主要完成培训认证系统平台的开发与建设,各类培训与认证课程的具体实施,运转过程中与政府相关部门的沟通与协调,以保证运转过程顺利进行。同时,还要做好不同领域(如竞技体育、全民健身、教育系统、医疗系统等)的技术整合与开发,最终做好未来体能训练理论与实践、培训与认证体系各项运行工作。

(3)大学做好支撑

体育专业特色的大学作为体育专业人才培养的高地,未来将在我国体能训练理论与实践、培训与认证体系的建设中扮演重要角色。由于体育高等院校具有人才集中、专业知识雄厚、科研水平较高、体育特色明显、人才储备丰富等特点,因此体育专业院校应该在体能教练培训与认证体系建设中承担以下内容：一是培训课程体系研发与修订，培训过程的技术指导与评价；二是培训系统师资的培养与开发，全程参与整个培训过程；三是开发与制定体能教练培训与认证系统的行业标准；四是做好体能教练专业的建设与发展，为体能教练培养与发展做好坚实的人才支撑。

只有做好上述三方面工作，全面认识现代体能训练系统，清晰了解我国市场对体能训练人才的需求状况，全面整合国外多个体能教练培训认证体系的精华，才能逐步建立起符合我国国情的现代体能训练理论与实践、培训与认证体系。

总而言之，经过近20年的发展，我国现代体能训练发生了巨大变化。在竞技体育领域，中国女子排球、田径、游泳、自行车等项目在世界大赛上取得了骄人成绩，这与她们重视体能训练密不可分；在大众健身领域，普通老百姓对于增肌、塑形、减重、提高各种身体素质训练越来越重视，越来越火热，我国现代体能训练呈现出快速蓬勃发展的趋势。这20年中，我们不断借鉴、引进、消化、吸收国际体能训练最新理论成果和训练实践经验，总体表现出以下四个变化特点，即从方法移植到手段创新、从专著翻译到教程编写、从体能培训到人才培养、从理论引进到学科建设。协助提高优秀运动员专项运动能力的各类体能训练方法、手段与计划已深入到备战奥运会的训练与比赛中，同时以促进健康为目标的各种身体素质提升训练方法也日益普及老百姓的日常生活中。体能训练在各方面都取得显著进步，表现出"多位一体化"的发展特点，呈现出蓬勃发展的新气象，对推动我国竞技体育水平的提升、促进全民健身运动的发展起到了积极的促进作用。

但我们也要清醒地看到，我国现代体能训练还存在起步较晚、理论研究与实践应用能力远远落后于体育强国、体能训练理论建设与实践应用呈现"碎片化"状态、体能教练培养体系尚未形成、竞技体育与全民健身发展结构不平衡等诸多问题。围绕这些问题，我们要采取积极措施，逐步建立系统化的现代体能训练理论与实践体系，完成体能教练培养系统和适合我国国情的现代体能训练理论与实践、培训与认证体系的建设，进而促使我国体能训练科学化水平显著提高,为我国高水平竞技体育理论和实践的发展、全民健康伟大目标的实现做出更大贡献。

(四)体能训练与身体训练的区别

传统的身体训练主要偏重于对某一运动素质(速度、力量、耐力、柔韧)的追求,忽略了整体机能潜力和机能能力的提高以及对拼搏向上的心理素质的培养。

首先,身体训练以往注重某项运动素质的提高,对运动员的整体运动能力、对抗能力、适应大负荷与高强度的抗疲劳能力,以及顽强拼搏的心理素质没有给予应有的重视。

其次,运动素质是机能能力在基本运动能力某一方向的具体表现,例如力量、速度能力等,既是体能的构成因素,也是运动实践、评价和检查体能水平的常用指标。换句话说,运动素质是体能水平的外在表现形式,体能是运动素质的内在决定因素。运动素质水平取决于人体器官和系统的机能能力水平。因此,体能与运动素质有密切的联系,体能训练与身体训练有密切的联系,两者既有联系,又有区别。

最后,体能训练要求把运动素质训练纳入运动员整体运动能力提高的高度去综合考虑和认识。它把运动素质训练作为人体生物学机能发展和机能适应训练的一部分。通常,身体训练是以单一的运动素质提高为目标任务,而体能训练则从人体整体工作能力、人体机能潜力提升的角度研究和提高运动能力。也就是说,体能训练是人体器官和机能系统在结构和机能能力上的适应性再塑造工作,是运动员心理意志品质的再塑造工作。

(五)体能训练的总体要求

1. 要结合专项制定体能训练计划

结合专项制定训练计划是体能训练的基本要求。体能训练必须与专项结合,体能训练动作的设计以及训练方法也应与专项动作紧密结合。制定体能训练计划包括五个步骤:第一,需求分析;第二,确定训练频率;第三,拟订负荷强度;第四,拟订训练量;第五,选择练习的间隙时间。最后通过对运动员专项素质的需求分析,并根据有关运动素质练习的要素和变量,组合形成一个完整的体能训练计划。

2. 有步骤地实施体能训练

任何项目运动员的体能训练都可以分为测试、评估、制定训练目标、制定训练计划和实施训练五个步骤,但在实践中往往没有按照这五个步骤进行。大多数只完成了第一步和第五步,缺乏对测试数据的有效评估和制定明确具体的训练目标,因而不能最有效地提高体能水平。要使体能训练达到最佳效果,必须严格按照上述五个步骤实施训练。教练员必须在大量实证研究和测试的基础上,使训练目标、手段具有针对性,了解运动员缺乏什么能力,需要提高什么能力,根据个人现状制定个体化的训练计划,使目标明确,效果显著。

3. 体能训练的技术动作必须规范准确

体能训练必须强调质量,技术动作规范准确、技术细节准确到位才能确保练习效果,否则不仅会影响体能水平的提高,甚至可能出现伤害事故。例如在练习深蹲发展腿部力量时,有些运动员甚至教练员不清楚该动作的技术细节(该动作分为前深蹲、后深蹲两种,站距分为宽、中、窄三种,起立时包括借助反弹力起立、不借助反弹力起立,轻重量和大重量的呼吸有不同要求,下蹲和起立时膝关节应与脚尖方向一致等),运动员下蹲和起立时没有挺胸直腰,而是弓腰驼背或夹大腿(夹臀或先抬臀部起立),这样练习不仅不能尽快提高腿部力量,还很容易导致腰部受伤(如椎间盘突出或劳损),这种情况在许多项目力量训练中都曾出现过。

4. 重视与体能发展水平有关因素的综合效应

运动员的体能发展水平不仅与体能训练有关,还与选材、竞赛、医务监督、营养、恢复措施、心理素质、技术水平、战术水平、智力发展水平、日常生活管理及其细节等有关,因此,必须重视与体能发展水平有关因素的综合效应,以最大程度地提高体能水平。

(六)体能训练的原则

1. 个性化原则

个性化原则是指教练员在制定训练计划时,必须严格按照每名运动员所独具的身体能力、潜质、学习特征以及从事的专项等各方面特点,设计出适合每名运动员特点的个体化方案。整个训练过程必须依据每名运动员的特点进行安排,使运动员的运动潜力得到最大发展。

每名运动员在身体形态、机能能力和适应性等方面各具特点,他们适应运动负荷的能力存在着差异,而同一运动员处于不同的生理机能状态时,其适应运动负荷的能力也会有差异。因此,在设计训练计划时,必须分析运动员的每一个方面,包括年龄、训练经历、身体特征、负荷承受与恢复能力等方面的差异,在此基础上制定出最适合个体发展的训练计划,使训练过程的每一个环节具有可操作性,使运动员得到最佳发展。

2. 恢复性原则

恢复性原则是指在长期的运动训练过程中,只有当运动员得到适宜的恢复,才能保证获得理想的训练效果。运动训练后如果得不到足够的恢复,就根本不可能产生训练效果,运动员在训练后的恢复速率,决定着整个训练计划的执行。训练后连续恢复不足,会造成过度训练与过度疲劳,严重者会导致各种运动性伤病。训练过程实际上就是一个反复进行的身体结构与机能以及内稳态的破坏与重建的过程。根据项目特征和能量系统的代谢特征等,训练后给予运动员足够的恢复时间,使机体在不断的破坏—重建机制中形成良性循环,达到最佳训练效果,逐步提高运动成绩。

3. 系统性原则

系统性原则是指运动员开始从事训练到创造优异成绩,直至运动寿命终结的长期过程中,都应按照体能发展的内在规律,做出相应的合理规划,持续不断地进行训练。系统性原则要求对整个训练过程的体能训练不仅要系统规划,对多年训练不同发展阶段的体能训练,从内容、比重、手段、负荷等方面也要做出系统安排。整个训练和比赛工作是一个系统工程,尤其是在青少年时期以及达到高水平成绩之后,更应周密考虑。人的生长发育在不同年龄阶段具有不均衡性,青少年时期运动素质会表现出发展的"敏感期",在此阶段就应抓住有利时机,采取相应内容的体能训练,促进其良好发展,充分挖掘运动素质潜力,为创造高水平成绩打下基础。而当达到高水平成绩后,运动员有机体形态、机能的改造已相当完善,运动素质的提高处于相对稳定状态,这就需要细致考虑,寻找进一步发展的可能性。

4. 全面性原则

全面性原则是指在发展专项运动技能的前提下,应全面安排和充分发展运动员的各项运动素质,特别是儿童和青少年时期,更应全面发展运动素质,提高一般身体机能水平,以促进专项成绩的全面提高。全面性原则的主要依据有以下三点:第一,广泛的、全面发展的运动素质和全面提高的身体机能能力,是达到较高的专项运动技术水平的基本前提和基础。第二,人体各器官系统之间是相互依赖的,训练后人体产生的各种变化也是相互依存的。发展运动素质要求人体若干系统同时介入,因此在训练初期,必须采用正确的全面发展运动素质的方法,使发展技术与战术技能所要求的所有形态与机能能力都得到高水平的全面发展。第三,要达到高水平的运动成绩,必须在早期训练阶段全面提高运动素质,因为各运动素质的发展是相互影响、相互制约的。运动素质和运动技能的转移需要一定的基础条件,专项运动素质和技能也需要建立在一般运动素质的基础上。只有全面安排才会创造出这种条件和可能,使专项所需的一切得到充分发展。全面性原则主要适用于儿童和青少年训练时期,全面发展运动素质并不意味着运动员的全部训练时间都用于这种训练,相反,随着运动员的日臻成熟,运动水平的不断提高,其训练也应朝着更为专项化的方向发展。此外,进行全面体能训练还能减少高度专项化训练的枯燥感,提高运动员的练习兴趣,对专项训练起到调节作用。

5. 结合专项原则

结合专项原则是指在一般发展的基础上,体能训练必须根据各运动项目的技术、战术和专项能力特点，充分发展专项所需的运动素质，以促进运动员直接创造优异的专项运动成绩。其主要依据是：首先，体能训练的作用集中体现在创造优异的专项成绩这一终极目标上，因此体能训练要和专项技术、战术相结合；其次，结合专项进行体能训练，能使运动员在身体形态以及机能方面对该运动项目的特殊要求产生适应，有利于专项成绩提高；最后，许多项目运动员年轻化的趋势也迫使体能训练必须紧密结合专项实际。

鉴于上述原因，必须科学地确定体能训练和专项训练的比重。体能训练的内容和手段必须突出重点并紧密结合专项需要，要确定和充分发展与专项相关的最重要的运动素质和机能，做到有针对性地练习。

6. 从实际出发原则

从实际出发原则是指体能训练的安排要因人、因项、因时而异。要从训练对象的个人特点、比赛要求、训练条件等实际情况出发进行安排。从实际出发原则要求体能训练必须要有针对性，要紧紧围绕提高专项成绩和技术水平这一最终目标进行，同时也要根据运动员的主观和客观条件以及专项需要，合理确定和安排体能练习的内容与负荷。此外，还应使运动员的运动素质在各个方面按比例平衡发展，以适应提高运动技术水平的要求。

第二节　体能训练与人体健康

一、健康

健康的英文是 Health。在一些词典中，"健康"通常被简明扼要地定义为"机体处于正常运作状态，没有疾病"。这是传统的健康概念。通常我们把疾病看成是机体受到干扰，导致功能下降，生活质量受到损害（主要由肉体疼痛引起）或早亡。在《辞海》中健康的概念是："人体各器官系统发育良好、功能正常、体质健壮、精力充沛并具有良好劳动效能的状态。

通常用人体测量、体格检查和各种生理指标来衡量。"这种说法要比"健康就是没有病"完善些,但仍然是把人作为生物有机体来对待。因为它虽然提出了"劳动效能"这一概念,但仍未把人当作社会人来对待。对健康的这种认识,在生物医学模式时代被公认为是正确的。

现代对健康的要求并不仅是传统所指的身体没有病,根据世界卫生组织的解释:健康不仅指一个人身体有没有出现疾病或虚弱现象,而是指一个人生理上、心理上和社会上的完好状态。这就是现代关于健康的较为完整的科学概念。世界卫生组织提出"健康不仅是躯体没有疾病,还要具备心理健康、社会适应良好和有道德"。因此,现代人的健康内容包括躯体健康、心理健康、心灵健康、社会健康、智力健康、道德健康、环境健康等。

现代健康的含义是多元的、广泛的,包括生理、心理和社会适应性三个方面,其中社会适应性归根结底取决于生理和心理的素质状况。心理健康是身体健康的精神支柱,身体健康又是心理健康的物质基础。良好的情绪状态可以使生理功能处于最佳状态,反之则会降低或破坏某种功能而引起疾病。身体状况的改变可能带来相应的心理问题,生理上的缺陷、疾病,特别是痼疾,往往会使人产生烦恼、焦躁、忧虑、抑郁等不良情绪,导致各种不正常的心理状态。作为身心统一体的人,身体和心理是紧密依存的两个方面。

根据世界卫生组织给健康下的正式定义,衡量现代健康有以下十项标准:

(1)精力充沛,能从容不迫地应付日常生活和工作的压力而不感到过分紧张。

(2)处事乐观,态度积极,乐于承担责任,事无巨细,不挑剔。

(3)善于休息,睡眠良好。

(4)应变能力强,能适应环境的各种变化。

(5)能够抵抗一般性感冒和传染病。

(6)体重得当,身材均匀,站立时头、肩、臂位置协调。

(7)眼睛明亮,反应敏锐,眼睑不发炎。

(8)牙齿清洁,无空洞,无痛感;齿龈颜色正常,不出血。

(9)头发有光泽,无头屑。

(10)肌肉、皮肤富有弹性,走路轻松有力。

通过对以上标准的认识,健康不仅仅是指没有疾病或病痛,也是一种身体上、精神上和社会上的完全良好状态。也就是说,健康的人要有强壮的体魄和乐观向上的精神状态,并能与其所处的社会及自然环境保持协调的关系。

二、体能训练与人体健康的关系探讨

体能,主要通过体育锻炼获得。保持良好的体能可以使我们的身体更健康、精力更旺盛、生活更美好、寿命更长、生命更有价值。每个人获得健康都需要有一定的体能,但每个人所需的体能水平不尽相同,一个人良好的体能与其年龄、性别、体形、职业和生理上的缺陷(如糖尿病、哮喘病等)有关。一般来说,个体对体能的要求与其活动的目的有关,例如运动员必须不懈地花大力、流大汗去提高力量、耐力、柔韧和速度等体能,才能提高运动成绩,而普通人只需用一般性的身体活动来维持这些方面的体能就可以增进健康。另外,即使对同一个人而言,不同的时间、不同的环境所需的体能水平也迥然不同。良好体能的保持与长期的锻炼密不可分,如果一个人的锻炼半途而废,那么他的体能水平就不能保持,甚至还会下降。

体能训练是体育锻炼的主要表现形式,大众人群借助运动、游戏、竞争而达到身体适应生活的效果,同时欢悦地、自愿地、建设性地善用闲暇时间。在休闲活动中,有些活动是不以个人身体健康为目的的,例如某些人将所有休闲时间都放在静态的活动中,却把维持健康的身体活动忽略了。一些慢性疾病,如心血管疾病、糖尿病、肥胖、下背痛、骨质疏松,甚至某些癌症都与缺乏运动有关。通过体能训练来提高个人心肺耐力、柔韧性、肌肉力量、肌肉耐力和身体成分等,很大程度上能有效抑制慢性疾病的发生。

通过体能训练加强心肺和血管的功能对于氧和营养物的分配、清除体内垃圾具有重要的作用,而且增强肌肉的强壮性有助于预防关节的扭伤、肌肉的疼痛和身体的疲劳。另一方面,身体成分的改变包括肌肉、骨骼、脂肪的合理比例。体能训练不断提高身体质量指标,可使人树立自尊和自信,产生愉快感、释放消极情绪,可有效改善情绪,调节人的心理,减轻忧郁,促进人际交往和培养意志品质。

身体锻炼是提高体能水平必不可少的重要途径。但需要注意的是,良好的体能并不是完全靠身体锻炼就可以达到的,还与科学的饮食方法、良好的口腔卫生、足够时间的休息和放松等方面有关。

第三节 体能训练的价值及其作用分析

一、体能训练是当代竞技体育之根本

体能训练是所有竞技项目的根基,起着不可代替的支撑作用。在现代的竞技体育项目中,激烈的身体对抗、长时间的耐久能力、技术运用的快节奏变化、技战术的稳定发挥以及对比赛的控制能力等无不渗透着体能训练的影子。

当代竞技体育比赛项目中,要想克敌制胜,单单靠先进的技战术是远远不够的。在日趋激烈的比赛条件下,除了要有良好的技战术素养,还要具备充沛的体能储备。在现代的竞技比赛中,决定比赛胜负的往往不是技术和战术,而是体能,而且必须是体能。尤其是在高水平的运动员之间,棋逢对手,这时候谁能坚持到最后,谁就能赢得比赛。并且,这是其他生理指标,如最大摄氧量、血红蛋白、无氧域、血清睾酮、皮质醇等所不能准确反映的,必须要看运动员的实战能力,而具备这些指标只是一个参考,因为这些指标和实战是有很大距离的。

体能训练越来越被体育研究者们所重视,体能训练的重点是对比赛项目的认知和诊断,这是重点,也是难点,包括项目规则特征、技术特征、力学特征、战术特征、节奏特征、能量特征、体能特征、训练特征、心理特征和伤病特征等几大块。同时,体能训练是将一般体能和专项体能训练结合起来,把握个体特点,力争将个体特点发展成为制胜手段。每一个运动项目都具有多关节运动链特征,绝不能破坏运动链的流畅运动。体能训练要全面,要有利于力量与协调的协同配合,这是基础,也是关键。

二、体能训练的价值体现

在不同的运动项目中,体能对运动员竞技能力贡献的大小不同,但这并不影响体能训练在运动训练中的基础地位。在现代运动训练的几项内容中,体能训练是其他各项训练的基础。没有良好的体能,技能训练、战术训练不可能取得良好的效果;没有高效的、坚实的体能训练,运动员竞技能力很难提高。体能训练的意义主要体现在以下几个方面:

1. 增进健康、改善形态与机能

健康是运动员从事运动训练和比赛的必要条件,良好的健康状况是系统训练的根本保证。没有健康的身体,运动训练就无从谈起,在现实生活中,有很多优秀的运动员都是因为健康问题而终止了自己的运动生涯。众所周知,体育锻炼可以有效增进我们的健康水平,肥胖者也可以通过长期锻炼达到减肥、优化体形的目的。同样,系统的体能训练能够有效提高运动员内脏器官特别是心血管系统、呼吸系统的机能,增强骨骼、肌肉、肌腱和韧带等运动器官的功能,去除体内多余的脂肪,并使中枢神经系统的机能得到明显改善,同时对于克服人体生物惰性、促进新陈代谢具有极为重要的作用。事实证明,体能训练能够有效提高机体对外界环境的适应能力和对疾病的抵抗能力,从而有效地促进运动员的身体健康。

2. 不断提高身体素质

现代竞技体育的运动水平不断提高,各个运动项目的世界纪录不断被刷新,可以想象运动员如果没有良好的身体素质,就不可能打破这些纪录。要充分发挥人体运动能力的潜力,在赛场上创造优异的运动成绩,就必须最大程度地发展和提高力量、速度、耐力、柔韧、灵敏和协调能力等身体素质,体能训练正是实现这一目标的主要途径。系统的体能训练能够有效地发展运动员的力量水平,提高速度和耐力素质,并使运动专项所需的柔韧性得到良好发展,获得更好的灵敏素质和协调能力,使专项运动素质得到最大程度的提高,身体素质得到协调一致的发展,为最大程度地创造优异的运动成绩打下坚实的基础。

3. 确保机体适应大负荷训练和比赛的需要

现代竞技运动竞赛频繁,竞争激烈,运动员只有通过大负荷的运动训练,长期对有机体进行生物学改造,掌握娴熟的专项技术和战术,才能在重大国际比赛中创造优异成绩,夺取胜利。从第一届奥运会到现在,运动训练已经经过了自然发展阶段、新技术广泛运用阶段、大运动量阶段和多学科综合运用(即科学训练)阶段。科学训练的一个重要内容就是广泛运用现代科技成果与运动训练,科学系统地监测训练过程,并在此基础上保证大负荷训练。而大负荷训练要求运动员必须具有强健的体魄、良好的身体机能和心理适应能力。科学的体能训练能够为此打下坚实的基础,并使运动员在不断加大负荷的情况下,承担训练和比赛。

4. 有利于掌握复杂、先进的技术和战术

体能训练实际上是使运动员有机体各器官系统功能协调发展,具有完备的从事专项竞技运动能力的过程。不同的运动项目对有机体运动适应能力的要求是不同的。例如:短跑项目要求运动员必须具备突出的爆发力、良好的反应速度、快速移动的速度和专项柔韧性,以及高度的、对快速运动的协调能力;举重则要求最大程度地发展运动员的力量水平和专项动作速度,并对专项耐力、专项柔韧性和协调性有很高的要求;体操、武术、拳击和球类等运动则对各项身体运动能力都有很高的要求,并且有些技术动作本身就是运动素质的综合表现。只有在充分发展各项身体能力的基础上,才能很好地掌握复杂、先进的技术,而体能训练正是实现这一目的的基本保证。只有通过体能训练,才能为运动员提供掌握复杂、先进的技术和战术的基础。

5.创造优异成绩,延长运动寿命

竞技能力是取得优异成绩的主导因素,是由身体形态、身体机能、运动素质、技术、战术、心理和智力因素所决定的。这七个因素可近似地概括为体能、技能和心理能力。而体能是由运动员的身体形态、身体机能和运动素质表现出来的,这一特点决定了它是竞技能力的物质基础。没有体能,技能就会成为无源之水,心理能力则成为无本之木,竞技能力也就无从谈起。

竞技运动实践已经充分证明,出类拔萃的运动成绩,是建立在雄厚的运动素质发展水平和有机体形态的改变、机能水平的高度发展基础上的。体能训练对身体形态改变越深刻,有机体机能发展水平越高,则其衰退速度也就越慢,保持时间也就越长。这样专项技术、战术发挥和保持的时间相应也会更长,运动水平衰退速度也就更慢,运动员就能更长久地保持高水平的竞技运动能力。

第四节　体能训练的发展趋势

(一)体能训练发展概况

现代奥林匹克运动的发展对运动员体能的要求越来越高,运动员体能的训练也是不断发展的。科技的发展,推动着体能训练的科学发展。人们对体能的认识逐步加深,对运动员训练日益系统科学化,竞技体育的激烈程度不断增加,使得体能训练成为教练员和运动员进行训练的核心部分。

"体能"一词在我国使用是在20世纪80年代,在1982年以前,以体能为研究内容的研究是没有的。1983年项群理论产生,"体能"一词逐渐进入人们的视野。1987年开始有人对与体能相关的问题进行研究。1994年,中国足协开始"足球运动员体能测试",1996年后对体能相关的研究逐渐增多,因此有人认为"体能"一词的传播与足球有很大关系。20世纪90年代中期,体能训练开始在中国升温。20世纪90年代后期开始对体能训练进行专门的研究。2003年,中国足协引进YOYO测试对足球运动员进行体能测试。1983年项群理论提出后,技能与体能相对应而存在,体能这个概念日益被技能主导类对抗运动项目教练员、运动员所接受和使用,界定明确且方便。随着在对外学习交流时"体适能"的传入和中国特色化,体适能也日益融合到体能概念中,并逐渐流传开来、确定下来。

体能训练的发展与中国足球的发展有着莫大的关系。随着比赛程度的日益激烈,对运动员体能的要求也不断提高,因此通过聘请外籍教练带来国外最新的训练方式对运动员的体能进行训练和提升,使体能教练应运而生。1954年,我国为了迅速提高足球水平,派遣一支队伍赴匈牙利学习。中国队在匈牙利的教练是阿姆别尔·约瑟夫(匈牙利),为此他成为中国足球队的第一位外籍教练。1992年,聘请施拉普纳(德国)为中国足球队主教练,施拉普纳也因此成为中国足球队的第二位外籍主教练。1998—1999年,聘请鲍比·霍顿(英国)为中国足球队主教练。2000—2002年,聘请博拉·米卢蒂诺维奇(南斯拉夫)为中国足球队主教练。米卢其实也是一位体能教练,2002年1月,他在准备国家足球队与斯洛伐克队的比赛前,采用科学理论指导国家队集训时的体能训练。2002年,国安聘请帕约维奇(南斯拉夫)做体能教练。2003年,中国国奥队聘请国内著名体能教练毛翼轩为体能教练。2004年3月,中国男篮聘请埃尔·阿维达斯为体能教练。2006年,国家足球队聘请塞黑人托马斯为体能教练。2007年,聘请杜伊科维奇(塞尔维亚)为中国足球队主教练。2007年,国家女子足球队聘请伊莲娜·安德森(瑞典)为体能教练。2007年,国家男子足球队聘请巴西的苏利万为体能教练。2008年12月8日,在上海市体育职业学院举行了我国首家体能协会揭牌仪式,上海市体能协会正式成立。2009年9月20日,辽宁盼盼篮球队首次聘用体能教练(沃勒)。到目前为止,体能教练在运动员运动训练中已经是核心组成部分,在任何运动项目的训练中都很重视对运动员进行体能训练。体能训练的方式也随着科学技术的进步在不断更新,体能训练器材的研发如火如荼,体能训练一词也逐渐被人们接受。未来的体能训练将会趋向于系统科学化及生理生化指标精确化、个性化等。

(二)体能训练的发展趋势

1. 体能训练国际化

现在体能训练的交流日益频繁和国际化。运动队聘请国内外知名体能教练指导体能训练,有实力的运动队还赴国外进行体能培训和交流。体能教练已成为一个国际性的职业,伴随着人们对运动员体能的重视和体能教练职业的飞速发展,体能训练进入国际化的行列。

2. 体能训练科学信息化

随着科学技术的进步,各种先进的训练设备、训练手段、信息交流等不断被引入体能训练中。运动员训练过程中,各项身体指标的测验和测验仪器越来越精确和精密。体能训练的手段和分类越来越科学化,训练日趋专项化,训练方法和手段的供能特点及对机体的负荷特征更加接近运动员的比赛状态。如:在训练过程的各阶段,训练任务均围绕比赛要求有目的地选择体能训练手段;训练多周期化和以赛带练,准备期训练时间缩短,时间也有所提前;比赛时间大大延长,一般训练的比例减小,专项训练的比例增加;以赛带练,赛练结合;等等。以科学理论为指导,制定科学的训练计划,广泛运用科技成果,采用先进的技术与科学的训练方法和手段,对体能训练的全过程实施最佳调控,传统和现代训练方法相结合,更加注重实效性和发挥个人特点,发展了许多新的训练方法。每年的体能教练培训和国际交流都带来大量的体能训练信息。

3. 重视核心力量训练

核心力量存在于所有运动项目中,所有运动中的动作都是以中心肌群为核心的运动链,强有力的核心肌群对运动中的身体姿势、运动技能和专项技术动作起着稳定和支持作用。任何竞技项目的技术动作都不是依靠某单一肌群就能完成的,它必须动员许多肌肉群协调做功。核心肌群在此过程中担负着稳定重心、环节发力、传导力量等作用,同时也是整体发力的主要环节,对上下肢体的协同工作及整合用力起着承上启下的枢纽作用。现代对运动员的体能训练更加强调的是系统整体性,任何一个动作都不是孤立的,因此对核心力量训练的重视不断提高。

4.训练、管理、恢复一体化

将男子体能训练的经验借鉴到女子体能训练中会获得明显的效果,这一方式目前受到各国的广泛重视,对女子运动员的体能选材、运动素质的训练以及与体能密切相关的意志品质与有关心理能力方面等均有涉猎,被称为女子训练的"男性化"。现代体能训练更加重视训练过程中的科学管理,重视每个阶段每位运动员的训练状况,注重个性化的体能训练,有针对性地进行科学有效的管理,进而提高体能训练的效率。对运动员的训练恢复也是高度重视,采用多种科学手段,加速运动员从训练中恢复到最佳状态。

5.体能训练愈发实战化

通过体能训练获得比赛所需的运动水平是高水平运动员体能训练的根本目的,训练的专项化程度越来越高。以力量素质为例,为了更加有效地继续提高和发展运动员专项所需要的肌肉力量,现代体能训练的力量训练方法愈来愈多,针对性越来越强,并日益具体化。如除了要对人体运动能力起到最大影响的大肌肉群进行训练外,对一些运动专项所需的小肌肉群的训练也逐渐得到业内的广泛关注。而且各种体能训练方法、训练手段、训练负荷等的选择和安排更加符合运动员的比赛状态,结合比赛需要进行体能训练的训练目标更加明确。

第六章　大学生体能训练的学科基础

现代体能训练必须建立在扎实的科学理论基础上才能进行,所以在进行体能训练时,需要对各个相关学科的基础进行深入研究。

第一节　体能训练的生理学基础

一、体能训练的生理本质

一切生物机体都具有"刺激—反应—适应"的基本特征,生物机体都是在"刺激—反应—适应"反复作用的基础上获得发展的。这同样适用于体能训练,人体机能也在这样的不断往复中获得了一定程度的提升,从而促使体能进一步发展。

(一)运动负荷的本质

运动负荷是以身体练习为基本手段对有机体施加的训练刺激。对于这种训练刺激的反应,机体主要表现为生理和心理两个方面。而通常所说的运动负荷是生理负荷,即机体在生理方面所承受的训练刺激。这些刺激对与运动相关的各器官系统的机能状态产生不同程度的影响。因此,生理负荷量的大小可以通过某些生理或生化指标来进行衡量。

运动负荷通常会通过外部和内部两种形式表现出来。其外部表现为量和强度,内部表现为心率、血压、血乳酸等生理机能指标的变化。因此可以看出,刺激强度与运动负荷的大小成正比,即运动负荷越大,刺激强度越大,所引起的机体反应也会越大,各项生理指标的变化也就更为明显,反之亦然。

人体受到运动负荷的刺激,通常会出现耐受、疲劳、恢复、超量恢复和消退等机能变化方面的反应特征。

(二)机体对体能训练负荷的适应与训练效果

1. 对训练负荷的适应性

应激性和适应性是机体的基本特征。机体对刺激具有反应能力和一定的适应能力，人体对运动负荷刺激的适应也同样具有这一特性。运动员通过长期系统的体能训练可促使机体各器官系统的形态、结构、生理机能以及生物化学等方面发生一系列的适应性改变。其中，较为常见的系统力量训练引起的肌肉肥大、肌纤维增粗、肌肉力量增长以及耐力训练引起的"运动性心脏增大"等，均反映了机体对长期运动负荷刺激的良好适应，也充分说明了运动负荷适应性的重要作用。

2. 训练效果

现代体能训练的本质就是通过反复的身体训练给予机体各器官系统一系列的生理负荷刺激，从而促进机体在形态结构、生理功能和生物化学等方面产生一系列积极的适应性变化，进一步提高运动员的运动能力，这一良好的适应性变化就称为训练效果。换句话说，这就是"刺激—反应—适应"的最终结果和充分体现。

体能训练后的恢复阶段，人体所消耗的能源以及酶等物质不仅得以恢复，而且会发生超量补偿。训练过程中所损伤的肌纤维不仅能够获得修复，而且修复后的肌纤维有所增粗，并能产生更大的收缩力量。因此，恢复阶段有助于机体结构的改善和机能的提高。前者通常称为"结构重建"，后者通常称为"机能重建"。不断重复进行的"刺激—反应—适应"的过程，不仅是身体结构与机能不断破坏与重建的循环过程，同时也是机体对训练负荷刺激从不适应到适应的过程。运动员应重视这一过程的科学性和合理性，以获得更好的体能训练效果。

二、影响体能训练的生理学因素

(一)影响力量素质训练的生理学因素

影响运动员力量素质训练的生理学因素主要包括最大肌肉横断面

积、肌肉初长度、肌纤维类型、神经因素,以及性别、年龄、激素等多方面因素。关于运动员力量素质训练的生理学因素以及力量素质训练的注意事项如下:

1. 最大肌肉横断面积

最大肌肉横断面积指横切某块肌肉所有肌纤维所获得的横断面面积。最大肌肉横断面积是由机体肌纤维的数量及肌纤维的粗细来决定的,其通常用平方厘米(cm^2)表示。生理学研究表明,人体每平方厘米横断面积的肌肉在最大用力收缩条件下可以产生3—8千克的肌力。机体肌肉的最大横断面积与该肌肉的力量存在正比例的关系,即肌肉的最大横断面积越大,肌肉力量也就越大。

在体能训练中,运动员为了增强肌肉力量通常会进行相应的力量训练。力量训练的原理就是最大程度地增大运动员肌肉的横断面积。但值得注意的是,肌肉横断面积并不能完全解释力量训练中所表现出的所有生理学现象。

2. 肌肉初长度

运动员的肌力大小与肌肉收缩前的初长度也有密切的关系,二者成正比例关系。通常情况下,肌肉收缩前的初长度越长,肌肉收缩的张力及缩短的程度越大。造成这一生理现象的原因主要表现在以下两个方面:

(1)肌肉本身具有弹性,在受到快速牵拉时可弹性回缩。

(2)肌肉拉长时,肌梭感知肌纤维长度变化而产生冲动,通过牵张反射机制提高了肌肉的对抗力,即用肌纤维回缩的形式对抗肌肉被动拉长。

在体能训练中,肌肉初长度往往会对运动员动作的充分发挥产生重要影响。

3. 肌纤维类型

依据肌肉的收缩特性进行分类,肌纤维可分为快肌和慢肌两种类型。二者相比,快肌产生的收缩力更大。因此,运动员的骨骼肌中快肌纤维百分比高、横断面积大、直径大,则肌肉收缩力量大,反之则肌肉收缩力量小。

通常情况下,人体肌纤维的发展状况会在一定程度上受到遗传因素的影响,但是先天条件的影响较小,最重要的是受后天训练因素的影响。例如在田径运动项目中,短跑运动员拥有较多的快肌纤维。另外,研究还发现,快肌的纤维横断面积、快肌的收缩力量、慢肌的纤维横断面积、慢肌的收缩力量等可以在力量训练的影响下相应增加,快肌纤维增加的速度比慢肌要快。

4. 神经因素

(1)中枢驱动

中枢驱动是指人体中枢神经系统动员肌纤维参加收缩的能力。在体能训练过程中,运动员肌肉收缩力的大小与参与运动的肌纤维的数量具有密切的关系,但并不是所有的肌纤维都在肌肉进行最大用力收缩时参加收缩。对于缺乏训练的运动员而言,机体只能动员肌肉中60%的肌纤维参加肌肉的收缩活动,优秀的运动员在运动中,肌肉的收缩可以同时动员肌肉中90%以上的肌纤维。中枢驱动作用是支配运动员机体中的肌肉的运动神经元放电频率及其同步变化,通过力量素质训练能够有效提高运动神经元的放电频率,进而增强中枢驱动能力。

(2)神经中枢对肌肉工作的协调及控制能力

在运动过程中,动作的完成是机体不同肌肉共同工作的结果,机体的不同肌肉群是在相应神经中枢的支配下进行工作的。因此,运动员应注意改善机体神经中枢对肌肉工作的协调和控制能力,提高主动肌与协同肌、固定肌、对抗肌等之间的协调能力,使不同的肌肉群能协调一致地共同工作,才能发挥肌肉群的最大力量。研究发现,主动肌运动受力量训练的影响,力量训练可以提高肌肉在收缩时产生的力量大小。

(3)中枢神经系统的兴奋状态

中枢神经系统的兴奋状态会促使机体大量释放肾上腺素、乙酰胆碱等生理活性物质,进而促使肌肉力量增强。根据研究发现,人在极度激动或危险等紧急情况下会发挥超大力量。产生这种现象的主要原因可能是机体发生了以下变化:

其一,人的情绪极度兴奋,导致肾上腺素分泌大量增加。

其二,大量增加的肾上腺素提高了肌肉的应激性,同时神经中枢发出了强而集中的冲动,机体的"储备力量"得到了迅速动员。

根据研究显示,儿童少年时期,力量训练能引起肌肉力量的大幅度增加,但在肌肉力量增大的同时,肌肉体积的增长速度较为滞后。在力量训练的后期,机体肌肉力量的进一步增加会在很大程度上更加依赖肌肉体积的增长。这些内容表明,机体的神经系统功能的完善对肌肉功能的发育具有重要影响,而且适应机制在人体力量训练的不同时期表现也各不相同。

除以上几种因素外,性别、年龄、激素等也是影响运动员力量素质的重要生理因素。

(二)影响速度素质训练的生理学因素

速度素质主要包括反应速度、动作速度和位移速度,因此分析影响速度素质训练的生理学因素也需要从这三个方面入手。

1.影响反应速度的生理学因素

(1)中枢神经的兴奋状态

机体的反应速度受中枢神经系统兴奋状态的影响,其兴奋度越高,机体的反应速度就会越快。如果运动员中枢神经系统的兴奋程度降低或者运动员处于过度疲劳状态等,那么运动员的反应速度就会下降。

(2)反射活动的复杂程度

反射活动的复杂程度决定反应时的长短,其对机体的反应速度有着重要的影响。反应时是机体接受刺激与做出肌肉动作之间的应答时间。反应时的长短主要取决于感受器的敏感度、中枢信息加工时间以及效应器的兴奋性。具体涉及以下过程:机体某些感觉器官被刺激而兴奋→兴奋沿传入神经传到中枢神经→大脑中枢根据过去的经验对传入的兴奋进行分析(刺激方式越复杂,中枢神经对信息加工的时间越长)→中枢所发的冲动沿着传出神经传到机体相应的肌肉群→肌肉根据刺激的特点与要求做出相应的应答。

(3)刺激强度

机体的反应速度同样还受刺激信号的强度的影响,信号对机体的刺激越强,机体对信号的反应越大。

(4)注意力集中度

机体反应速度受个体注意力的影响,注意力的集中程度越高,机体的反应速度越快,反之个体的注意力集中程度低则反应慢。

(5)遗传因素

反应速度受遗传因素的影响较大。根据相关调查研究,机体的反应速度中遗传力高达75%或以上。

2.影响动作速度和位移速度的生理学因素

(1)身体形态和发育

运动员的身体形态和发育状况在很大程度上对其速度素质具有重要影响,二者具有十分密切的关系。身体形态对速度素质的影响主要取决于运动员四肢的长度。如果其他条件相等,那么上、下肢的长度与该部位的运动速度成正比。人体四肢的运动形式是肢体绕关节轴的转动。运动员的手或脚离轴心的距离越远,运动速度就越大。一般认为,短跑运动员的身体不胖不瘦,下肢较长,跟腱长,踝关节较细,动作速度和位移速度快。

(2)能量供应

在现代体能训练过程中,人体肌肉收缩的速度主要受以下几个因素的影响较大:

①肌纤维中动用化学能的速度与强度。

②兴奋从神经向肌肉传导的速度与强度。

③机体化学能转变为收缩机械能的速度与强度。

④机体释放和分解三磷酸腺苷(ATP)的数量与速度。

研究证明,在人体的三大代谢供能系统中,动作速度和位移速度的能力主要取决于磷酸原(ATP-CP)系统的无氧代谢供能能力。通过科学的体能训练,改善ATP-CP系统的供能能力,能有效提高运动员的动作速度和位移速度。

(3)肌肉力量

从力学角度分析,加速度是影响一定时间内速度大小的决定性因素,而加速度大小取决于克服阻力做功的力量,力量越大,加速度相应就越大。对于人体来说,体重是需要克服的最大阻力,因而人体质量(体重)与加速度成反比。如果想提高动作速度,那么运动员可以通过提高力量素质和减少人体质量带来的阻力两个方面实现。我们知道,人体力量与体重之比是相对力量,因而,相对力量才是决定动作速度和位移速度的决定性因素,相对力量越大,肌肉在运动时就越容易克服内、外部阻力。因此,影响肌肉相对力量的因素必定会对动作速度和位移速度产生影响。

(4)肌纤维百分比

研究表明,人体肌肉快肌纤维百分比与机体快速运动的能力成正比,速度性项目优秀运动员的机体的快速运动能力比耐力性项目运动员的机体的快速运动能力要高。优秀的短跑运动员的快速运动能力惊人,其肌肉快肌纤维百分比可高达95%。

(5)神经系统的功能特点

神经系统对肌肉活动具有支配和控制作用。运动生理学认为,人体是在神经中枢活动高度协调的支配下进行各种形式的快速运动,即机体所表现出来的动作速度和位移速度。提高神经中枢活动的高度协调,能保证运动员在提高动作速度和位移速度的过程中,促进机体迅速组织必要的肌肉协作参与活动,抑制对抗肌(肌肉内部的阻力)的消极影响,从而表现出较高的运动速度。

研究表明,神经活动过程的灵活性可以影响机体的肌肉,主要表现在两个方面:影响肌肉的猛烈收缩和随意放松的能力。后者是神经中枢合适的抑制状态作用的结果。运动过程中,充分放松肌肉的能力与长时间维持高速运动的能力成正比。

除此之外,机体中枢神经系统兴奋与抑制转换的持续时间,会直接影响运动员在运动过程中转换速度的快慢,二者之间存在着密切的联系,具体表现为二者成反比例关系,即兴奋和抑制神经元之间的转换速度越快,转换持续时间越短。运动员在进行高速度运动中,疲劳的最初表现即为中枢神经的疲劳,随之会导致机体运动速度的降低,最后导致机体的运动完全停止。因此,运动员在保持较高的速度进行运动时,持续时间不宜太长。

(6)遗传因素

实践表明,运动员的动作速度和位移速度受个体遗传因素的影响很大,例如 50 米跑速的遗传力为 0.78,反应时的遗传力为 0.75。

(三)影响耐力素质训练的生理学因素

运动员的耐力素质主要受其个性心理特征、运动技能水平以及战术应用等多种因素的影响。其中,影响机体耐力的生理学因素主要包括有氧耐力和无氧耐力。

1. 有氧耐力

(1)氧运输系统的功能水平

呼吸系统、血液、循环系统共同构成了人体的氧运输系统。氧运输系统的功能和任务主要是完成运输氧气、营养物质和代谢的产物,对机体的有氧耐力有重要的影响。氧运输系统的功能水平也称最大氧运输能力(VO_2max),主要受以下两方面因素的影响:

①血液的载氧能力。血液中血红蛋白含量的高低会对血液载氧能力产生影响。研究表明,1 克血红蛋白可以结合 1.34 毫升氧气,血红蛋白含量与同血液结合的氧气量成正比例关系。一般情况下,成年男性机体内每 100 毫升血液内,含有血红蛋白约为 15 克、氧容量约为 20 毫升,女性和少年儿童则较少。优秀的耐力项目运动员的血红蛋白含量可达 16 克/100 毫升血液,血液的载氧量也比一般人多。

②心脏的泵血功能。最大心输出量(即心脏每搏输出量与心率的乘积)对心脏泵血功能具有较大的影响。最大心输出量与肌肉组织在单位时间内获得的血流量及单位时间内氧气的运输量成正比。研究表明:和一般的运动员或普通人相比,优秀的耐力项目运动员的心室腔容积大、心室壁厚,心脏每搏输出量也更大(优秀运动员为 150—170 毫升,普通人为 100—120 毫升),即使在高达 200 次/分钟的心率时,每搏输出量仍不减少,心肌收缩力也较大,射血速度也较快。

(2)神经系统的调节能力

对于运动员而言,良好的耐力基础需要符合以下几方面的要求:

①神经系统长时间保持兴奋性。

②神经系统具有良好的抑制节律性转换能力。

③运动中枢与内脏中枢具有较好的协调、活动能力,以保持肌肉收缩和舒张的良好节律。

④运动器官和内脏器官之间应有良好的协调和配合。

因此,有效改善神经系统的调节功能,使运动员的神经系统的活动可以更加适应耐力运动的需要,是运动员提高耐力素质的重要生理学基础和原因之一。

(3)骨骼肌的氧利用

骨骼肌的氧利用情况对耐力素质训练也具有一定程度的影响。运动员的氧利用状况主要表现为以下几个方面:

首先,人体的肌肉组织主要从流经其内部的毛细血管的血液中摄取和获得氧气。因此,生理学认为,肌纤维类型、肌纤维的有氧代谢能力对机体肌肉组织摄取和利用氧气的能力有重要的影响。在机体的肌纤维中,Ⅰ型肌纤维比例与其所在的肌肉的有氧代谢酶的活性、肌肉摄取和利用氧的能力成正比。实践证明,优秀的耐力项目运动员的慢肌纤维比例高,氧化酶的活性高,线粒体的数量多,毛细血管分布密度大,肌肉摄取和利用氧气的能力高。

其次,在影响耐力的机体机制中,心输出量是其中的主要影响因素,肌纤维类型的比例构成及其有氧代谢能力是次要的影响因素。

最后,机体在运动时,骨骼肌的氧利用能力受无氧阈的影响。以无氧阈的最大吸氧量比值为例,比值越高,肌肉的氧利用能力越强。一般人的无氧阈约为65%,优秀耐力运动员的无氧阈可高达80%。

(4)能量供应水平

研究表明,运动员在参加耐力性运动时,机体的大部分能量都来源于机体内部肌糖原和脂肪的有氧氧化。因此,机体的肌糖原含量不足明显影响运动员的耐力水平。在运动前或运动过程中,通过合理训练而使机体的肌糖原储备增加、有氧氧化的能量利用效率提高、肌糖原利用节约、脂肪利用比例提高等,对提高运动员的耐力素质十分有益。

(5)能量利用效率

在单位耗氧量条件下,机体在运动中做功的能力就叫作能量利用效率。根据相关研究证实:在运动员的其他机体因素相同或相似的情况下,耐力素质高低的差异更多的是来自机体能量的利用效率,影响率最高时可达65%。根据考斯蒂尔研究发现,如果两个马拉松运动员的最大吸氧量相对值是相同的,并且他们在运动过程中均使用了85%,那么能量利用效率高的那个运动员可以比另一人的成绩快13分钟。

2.无氧耐力

(1)骨骼肌的糖无氧酵解供能能力

骨骼肌的糖无氧酵解供能能力对运动员的无氧耐力具有重要影响。肌糖原在运动中的主要作用是通过无氧酵解为机体提供能量,这也是运动中无氧耐力的主要能源来源。在运动过程中,肌糖原的无氧酵解能力主要受肌纤维百分构成以及糖酵解酶催化活性的影响。有学者经研究证实:不同代谢性质的运动项目中,运动员的肌纤维百分构成和糖酵解酶活性明显不同,这也是导致运动员无氧耐力差异的重要原因之一。

(2)肌肉对酸性物质的缓冲能力

对运动员而言,肌肉对酸性物质的缓冲能力影响着其耐受能力。细胞内以及机体内环境的理化性质的改变会影响机体的运动能力,尤其是影响机体的耐力。机体内部的理化性质的变化主要是由肌肉糖酵解引起的,H^+肌肉糖酵解的产物可以在机体的肌细胞内大量累积,甚至可以扩散到血液中改变血液的酸环境,进而导致肌肉中酸性物质增加,影响机体的耐力素质水平的正常发挥。

在人体中,肌肉和血液中存在着缓冲酸碱物质,保持机体内环境pH值的稳定。这种缓冲物质是一种混合液,由弱酸(如H_2CO_3)、弱酸与强碱生成的盐(如$NaHCO_3$)按一定比例组成。研究表明,提高机体的耐酸能力是提高机体的无氧耐力水平的有效途径之一。当然,无氧耐力训练并不能直接提高运动员机体对酸碱物质的缓冲能力,而是通过训练提高和强化运动员因酸碱物质产生的不适应感,从而提高运动员的耐受能力。

(3)神经系统对酸性物质的耐受能力

神经系统对酸性物质的耐受能力在一定程度上也影响着运动员的无氧耐力素质。从总体上讲,人体的内环境是酸性的,安静状态下,人体血液的平均pH值为7.4,骨骼肌细胞液的pH值约为7.0。这是因为酸性物质在机体内积累的速度很快,肌肉和血液中存在的能缓冲酸碱的物质来不及进行足够的缓冲以维持酸碱平衡。在运动状态下,机体的骨骼肌细胞液和血液pH值会有所下降,其中,血液pH值可降到7.0左右,骨骼肌细胞液的pH值可降到6.3。

经过相关实践证明,机体的神经系统不仅可以协调运动肌的驱动,还可以协调不同肌肉群之间的活动,这对于提高运动员的无氧耐力水平具有十分重要的作用。而研究还表明,神经系统的以上两个协调功能会受到机体中大量酸性物质的影响,合理与科学的无氧耐力训练有助于运动员在运动中提高神经系统的耐受能力,对抗运动中产生的大量酸性物质。

(四)影响柔韧素质训练的生理学因素

1.肌肉、韧带的弹性

影响运动员柔韧素质训练的直接因素主要是肌肉组织、韧带组织的弹性。当然,不同年龄段、性别、训练程度的人,其机体肌肉组织、韧带组织的弹性是不一样的。另外,中枢神经系统的兴奋性也会在一定程度上影响肌肉组织的弹性变化,如在比赛中,运动员的情绪高涨,其柔韧性通常会比平时要好。

2.神经过程转换的灵活性

神经过程转换的灵活性对运动员的柔韧素质也具有十分重要的影响。人体在运动过程中,一方面,肌肉的基本张力与神经系统兴奋、抑制过程转换的灵活性有关,中枢神经系统对抗肌间协调性的调节、中枢神经系统对肌肉紧张和放松的调节等都能有效提高肌肉的张力;另一方面,肌肉的张力与神经过程分化抑制的发展也有密切的关系。

因此,要想提高机体的柔韧性,必须重视对机体神经过程转换的灵活性的训练。

3. 关节的柔韧性

关节的柔韧性与关节周围组织的大小密切相关。关节周围组织(肌腔、韧带、肌肉、皮肤等)的大小与伸展性、关节生理结构都会影响关节的柔韧性。

在关节周围的组织中,肌腱与韧带有助于加固关节。一方面,肌肉可以从外部给予关节一定的加固力量;另一方面,韧带的抗拉性能将关节的活动限制在一定的范围内,避免关节在运动中受伤。

对于运动员而言,发展关节的柔韧性主要是对限制关节活动的对抗肌施加影响,使关节的对抗肌可以主动牵拉伸展,从而减少对关节活动范围的限制,提高关节的伸展度和柔韧性。

此外,增强髋骨关节的韧带肌腱和皮肤的伸展性则是运动员提高机体关节柔韧性的有效方式和重要方法。

4. 性别差异

从生理学角度分析,与男子相比,女子的柔韧性普遍较好,这是因为:男子的肌纤维长,强而有力,横断面积大,对关节活动范围限制较大;女子的肌纤维细长,横断面积小,伸展性好,对关节活动范围的限制较小。因此,在柔韧素质训练过程中,男女运动员应区别对待。

5. 年龄特征

不同年龄阶段的运动员,机体的柔韧性会有很大的差别,其主要表现为以下几个方面:

(1)0—10岁。从人的自然生长规律来看,初生婴儿的柔韧性最好。人体的骨骼在年龄递增的过程中,其韧性不断得到加强,人体的柔韧性会有所降低。因此,在10岁以前就应给予一定的柔韧素质训练,以不断提高人体自然增长的柔韧性。

(2)10—13岁。人体的柔韧性相对降低。尤其是胯关节随着腿的前后活动多、肌肉组织增大而使左右开胯幅度明显下降。该年龄阶段,虽然人体骨骼弹性增强,但是肌肉韧带的伸展性仍有较大的可塑性,因此应重点训练肌肉韧带的伸展性,以提高关节的柔韧性。

(3)13—15岁。该年龄阶段为人体的生长期,人体的骨骼生长速度很快,肌肉的生长速度相对较慢,机体的柔韧性有所下降。这一年龄阶段应多做全身性的伸展训练,不要过分训练机体的柔韧性,以免造成拉伤。

(4)16—20岁。在这一时期,人体的生长发育趋于成熟,在柔韧性训练中,可以适当地增加训练的运动负荷和训练难度,为机体获得专项运动所需的柔韧素质打好基础。

三、体能训练效果的生理评定

长期系统的体能训练对运动员各器官系统的形态、结构与机能都会产生显著的影响,从而形成运动员独特的身体形态和机能特征,这是机体对运动负荷刺激的良性适应结果,即训练效果。通过适宜的方法对运动训练效果进行分析与评定,可为体能训练的科学化提供参考和依据。

关于系统训练的生理学适应特征,可以从安静状态下的生理学适应特征、运动状态下的生理学适应特征和运动结束后恢复期的生理学适应特征三个方面进行评定。其具体内容介绍如下:

(一)运动员在安静状态下的生理学适应特征

经过长期系统的运动训练,在运动负荷刺激的作用和影响下,运动员的各器官系统如运动系统、氧运输系统、神经系统等所表现出的良好适应性最为明显。

1.运动系统的特征

(1)骨骼肌

体能训练对骨骼肌的影响主要表现为肌肉的体积增大、横断面增大、肌肉力量增加等方面。这是由于体能训练尤其是力量训练可以促进氨基酸向肌纤维内部转运,使肌肉组织中收缩蛋白质的合成增加,从而引起肌肉肥大和肌力的增长。

通过系统的体能训练可有效提高机体的抗氧化能力。研究发现,耐力训练可以提高肌组织超氧化物歧化酶(SOD)和谷胱甘肽过氧化物酶(GPX)的活性。肌肉抗氧化酶活性的提高也是骨骼肌运动性适应的重要生物学特征之一。

另外,运动负荷、训练状态及抗氧化剂的补充等也是影响肌组织抗氧化能力的主要运动性适应因素。相关实验研究证明:运动负荷大、训练状态良好以及抗氧化剂的外源性补充都对机体抗氧化能力具有重要作用。因此,要想增强机体抗氧化能力,一定要做好这几方面的准备工作。

(2)骨骼

体能训练对骨骼的影响主要表现在骨密度等方面的变化。由于每个运动员的实际情况不同,其训练水平、训练年限及运动项目都会存在一定的差异,因此会对骨密度造成不同的影响,使其产生不同的变化,并呈现出差异性的特点。运动员所进行的运动是否科学、合理,也在很大程度上影响着骨骼的生长。适宜的运动可以有效地增加峰值骨量,减缓随年龄增长而发生的骨质疏松。研究表明,运动员骨矿物质含量依运动等级而有所不同,男子健将级运动员的骨矿物质或体重(BMC/BW)高于二、三级运动员,女子健将级运动员骨矿物质或体重(BMC/BW)高于一、二、三级运动员。由此可知,运动员的骨密度会随其训练水平的提高而不断增加。

因不同运动项目的特点各具差异,因而对骨骼也会产生不同的刺激作用,因此就会导致骨密度的生长也不一样。据实验研究结果显示,投掷、摔跤等力量性项目的运动员骨密度最高,而耐力性项目运动员的骨密度最低。之所以会有这样的结论,主要是由于不同的运动负荷刺激对骨骼产生影响的途径不同,所以骨矿物质合成效应也不同。负荷强度与BMC/BW之间有密切的关系,力量型运动项目的负荷强度高于其他项目,因此 BMC/BW 处于较高水平。耐力运动还会对运动员的激素产生一定的影响,从而影响骨密度的变化。比如过量的耐力运动可使女运动员血液中雌激素水平和男运动员血液中雄激素水平降低,导致骨代谢过程中骨的吸收大于骨的形成,从而使骨密度降低。此外,运动员身体不同部位的骨密度具有训练部位的特异性,即在运动过程中,长时间处于运动或用力状态的部位,该部位的骨密度要高于其他非运动或非用力状态的部位。

2. 氧运输系统特征

(1) 循环机能

体能训练对运动员的心脏形态结构和心血管机能都会产生十分显著的影响。其中,安静时心率缓慢和心脏功能性增大是主要的表现形式。优秀的耐力项目运动员,其安静时的心率只有 40—50 次/分,甚至更低,表现出明显的机能节省化现象。运动性心脏增大主要表现为心肌肥厚和心脏容积增大,并具有运动项目的专一性。耐力性和力量性项目运动员出现心脏增大的现象较为多见,耐力性运动员主要表现为心脏容积的增大,而力量性运动员主要表现为心肌的肥厚。

(2) 呼吸机能

在呼吸机能方面,经过长期体能训练的运动员和没经过体能训练的人存在十分明显的区别。通常情况下,经过长期体能训练的运动员主要表现为:呼吸肌力量较强,肺活量大,呼吸深度和肺泡通气量大,气体交换的效率高,呼吸肌耐力较好,连续 5 次肺活量测定值(每次间隔 30 秒)逐渐增大或者平稳保持在较高水平。而没有经过体能训练的人则达不到如此良好的状态。此外,人体对呼吸运动的控制能力,通常是用闭气时间来衡量的。闭气时间的长短与运动员训练水平密切相关:训练水平越高,闭气时间就越长;训练水平较低,则闭气时间相对就会较短。体能训练可以提高人体对呼吸运动的控制能力。

(3) 血液

与没有经过系统的体能训练者相比,经过长期系统训练的运动员的血液成分并没有很明显的差别,只表现在某些项目运动员的血液指标有所改变,如耐力性项目的运动员红细胞和血红蛋白数量增多、血液中某些酶的活性升高等。

3.神经系统的特征

长期系统的体能训练对中枢神经系统机能会产生十分积极的影响。优秀的短跑运动员神经过程的灵活性高、反应时间短,而长跑运动员神经过程的稳定性相对较高。此外,运动员各种感觉器官的机能也有所提高。由此可以看出,安静状态下,优秀运动员在身体形态结构和生理机能等方面都表现出良好的适应性变化,能够为训练效果的评定提供参考和依据。

不仅在安静状态下,经过系统体能训练的运动员能够显示出良好的机能特征,而且在从事运动时也能够表现出机体机能的动员、生理反应程度,以及运动结束后的恢复过程方面有着明显的优势与特征。由此可以看出,神经系统对于氧的运输具有非常重要的作用和意义。所以,在评定体能训练效果时,通常将运动员在完成定量负荷和极限负荷运动时的生理指标作为评定的主要依据和标准。

(二)运动员在运动与恢复期的生理学特征

1.运动员对定量负荷的反应特征

一种限定运动强度(一般低于亚极限强度)和运动时间的运动实验条件下的负荷,即为定量负荷。

(1)心肺机能变化较小

在心肺机能变化方面,经过系统训练的运动员和没有经过系统训练者是有较为显著的差别的。其中,没有经过系统训练者主要是靠加快心率和呼吸频率来增大每分钟心输出量和肺通气量。经过系统训练的运动员完成定量负荷时心肺机能的变化较小,心率和心输出量较没有经过系统训练者低,心率增加的幅度较小,而每搏输出量增加较多,呼吸深度大,呼吸频率较慢。

(2)肌肉活动高度协调

肌电图研究显示,在完成相同的定量负荷时,经过系统训练的运动员的肌肉活动程度较小,主动肌、对抗肌和协同肌之间高度协调,肌电振幅和积分值较低,在相对安静时动作电位几乎完全消失,表明有关中枢的活动高度协调。

2.运动员对极限负荷的反应特征

在完成极限负荷运动时,要求机体充分发掘自身最大潜力,使相关的各器官系统机能达到最高水平。与没有经过系统训练者相比,优秀运动员的生理功能水平高,机能潜力大,表现出非凡的运动能力和对极限负荷的适应能力。通常情况下,评定体能训练效果的指标主要是最大摄氧量、氧脉搏、最大做功量、最大氧亏积累等的极限负荷运动时的生理指标(见表6-1)。以下对这几项评定指标进行详细的介绍。

(1)最大摄氧量

最大摄氧量是反映心肺功能的综合指标。最大负荷运动时,没有经过系统训练者只有2—3升/分钟,而优秀运动员可高达5—6升/分钟。

表6-1 各项生理指标对体能训练效果的评定值

测试组	最大摄氧量（毫升/分钟）	每搏输入量（毫升/搏）	心率（次/分钟）	动静脉氧差（毫升/分钟）	氧脉搏（毫升/搏）
没经过系统训练的运动员	3276	120	195	140	16.8
长跑运动员	4473	156	185	155	24.2

(2)氧脉搏

氧脉搏是指能够反映心脏工作效率的有效指标。研究表明,优秀耐力项目的运动员在极限负荷运动心率达180—190次/分钟时,摄氧量可达最大摄氧量的90%—100%,氧脉搏平均达23毫升,相当于安静时的6倍。当心率进一步增加时,氧脉搏有下降的趋势。由此可以看出,尽管优秀运动员表现出较高的氧脉搏,但是其心率水平却没有出现过高的现象,而是保持在相对比较适宜的状态。由此可知,体能训练具有增强机体氧运输系统功能的重要作用,进而使得心脏的工作效率也有一定程度的提高。

(3)最大做功量

最大做功量是指受试者在递增负荷达极量时所完成的功。有训练的运动员最大做功量和做功效率都明显高于没有系统训练者。

与没有经过系统体能训练者相比,优秀的运动员在完成极限负荷工作时表现出较高的机能水平和运动潜力,并且在运动开始时,机体机能动员得快,运动结束后机能恢复得也快。

(4)最大氧亏积累

最大氧亏积累(MAOD)是指人体从事极限强度运动时(一般持续时间2—3分钟),完成该项运动的理论需氧量与实际耗氧量之差。最大氧亏积累是衡量机体无氧工作能力的重要标志。根据相关实验研究证明,优秀的短跑运动员最大氧亏积累值明显高于耐力项目运动员。因此,运动员在进行不同的运动项目训练时,应注意最大氧亏积累的变化,从而有效避免对运动项目的训练效果产生消极影响。

第二节　体能训练的心理学基础

一、体能训练的心理学基础

影响运动员参加体能训练的心理因素主要包括运动知觉、心理定向、时间判断、思维、想象、注意力、情绪、意志、精神活动特点与个性特征等。

(一)心理定向

心理定向指的是动作开始以前以及完成动作过程中心理的准备状态和注意的指向性。心理定向对于掌握和提高技术动作非常重要。心理定向能够造成诸多积极的综合反应,并且促进心理活动的调整。准确的心理定向能够帮助人的动作在内容、结构等方面调整得完全符合技术特点,这样进行体能训练时就能够及时地在头脑中设计完成动作的模式,并依据模式进行自身的全部行动。

运动员在进行体能训练的过程中,练习方法和手段不同,会引起其形成不同的心理定向,而不同的预先心理定向对形成不同的技术特点和技术风格会产生重要的影响,这是由于不同的运动员注意力的集中点不同而造成的。

(二)运动知觉

运动知觉是人脑对外界事物和人体自身运动状态的反应。它是一种由许多感觉要素构成的复杂知觉,如重力感觉、速度感觉、肌肉感觉、用力感觉等。人脑对外界事物的运动状态的反应是客体运动知觉,人脑对自身运动状态的反应则被称作主体运动知觉。这两种运动知觉在体能训练中各有其独特作用。

运动员的体能训练是以运动操作为基础实现的,而准确、协调的运动操作,是以高度分化的运动知觉为基础的。因此,精确分化的运动知觉在体能训练中的作用非常重要,良好的运动知觉能够保证在体能训练中做出各种各样的动作。

(三)情绪

情感是人体对客观事物是否能够满足自己的需要而产生的体验。情绪是情感体验过程的具体形式。

心理学的相关研究表明,情绪对体能训练起着非常重要的作用。一般来说,良好的情绪可以起到"增力"作用,如明显地增强人的活动能力,使人体运动能力进一步提高等。而不良的情绪的"减力"作用则是显而易见的,具体表现为精神不振、无精打采、心灰意冷、注意力不集中等。

因此,情绪对运动员进行体能训练的影响很大。如果运动员带着不稳定的情绪去参加体能训练,又不能很好地控制自己,那么很难掌握好动作技能。而倘若其情绪稳定、精神饱满、注意力集中、斗志昂扬,就一定能在体能训练中收获更多。

(四)意志

意志是人为了实现既定目标而支配自己的行动,并且在行动时自觉克服困难的一个心理过程。需要指出的是,意志与行动是作为一个整体而存在的。

参与体能训练能使运动员拥有坚强的意志品质,运动员坚强的意志品质对于其掌握动作技能、增强身体素质等方面十分有益。具体表现在以下四个方面：

第一，运动员在体能训练中，肌肉有时会处于非常高的紧张状态，并且需要完成各种不同难度的动作，此时意志努力能够满足完成动作的需要。

第二，运动员在参加体能训练时需要高度集中注意力，在意志努力作用下，可以克服外部和内部刺激的不良影响。

第三，运动员在参加体能训练时，由于机体各系统全面运转，容易导致疲劳，甚至是运动损伤的产生，而意志坚强者能够克服由于疲劳和运动损伤而产生的消极情绪，并坚持长期参与体能训练。

第四，体能训练中的某些动作强度大、危险性高，会使运动员产生畏惧心理，而坚定的意志则有助于运动员克服这种畏惧恐慌的心理。

(五)注意力

注意力是心理活动对一定对象的选择性指向和集中，是一种心理状态。在进行体能训练时往往强调注意力的集中。

二、体能训练的动机

(一)动机概述

1. 动机的含义

动机是个体的内在过程，指在体能训练中推动个体从事体能训练活动的心理及内部动力。

2. 动机的分类

(1)按动机来源分类

根据动机来源，动机可以分为内部动机和外部动机两种。

①内部动机

内部动机是以生物性需要为基础，通过积极参加体能训练来展示自己的能力，从而体验到强烈的满足感的动机。内部动机能够吸取内部力量，能够从内部驱动运动员的行为。内部动机能够对人起到激发作用，其行为的动力就是运动员内部的自我动员。

②外部动机

外部动机的基础是社会需要。运动员希望通过参与体能训练来满足自身社会性需要的动机就是外部动机。外部动机能够吸取外部力量,能够从外部驱动人的行为,其行为的动力来自外部的动员力量。

③内部动机与外部动机的关系

内部动机与外部动机从实际上来讲是相互影响、相互促进的。外部动机对内部动机的影响可能是积极的,也可能是消极的。外部动机既能加强内部动机,也能削弱内部动机。

(2)按兴趣分类

按兴趣可将动机分为直接动机和间接动机。

①直接动机

是指以直接兴趣为基础,指向体能训练过程本身的动机。一些运动员对于参加体能训练非常感兴趣,认为在体能训练过程当中能够将其潜力显现得淋漓尽致,使自己获得极大满足,受到这种思想驱动的动机就是直接动机。

②间接动机

是指以间接兴趣为基础,指向活动结果的动机。一些运动员对体能训练本身的兴趣并不是很大,仅认为这是为在训练过程中获得良好的效果所必须克服的困难,这种动机就是间接动机。

3. 动机的作用

动机通常能发挥以下三种作用:

(1)始发作用。动机可引起和发动个体的活动。

(2)强化作用。动机是维持、增加或制止、减弱某一活动的力量。

(3)指向或选择作用。动机可引起和发动个体活动的方向。

(二)动机的产生

动机的产生有两个必要条件:

1. 内部条件

个体因缺乏某种东西而引起内部的紧张状态就叫作内部条件。这种状态能够使人产生欲望,并推动行为,使人产生做事的动机。

2. 外部条件

个体之外的各种刺激统称为外部条件,各种生物性和社会性的因素都可称作外部条件。外部条件能够引发外部动机的产生,对运动员有着重要的影响作用。

(三)动机的培养与激发

1. 满足运动员的各种需求

(1)追求刺激和乐趣的需要

在体能训练过程中,如果进行得非常枯燥,就会导致运动员失去练习的乐趣,导致其运动动机下降。因此,在体能训练过程中,应当注意以下几点:

①要使运动员的能力与练习难度相符。

②要使练习在方法和手段上更加多样。

③要让所有人都积极参与。

④要允许运动员在练习过程中有更多的自主权。

⑤练习中的任务分派要符合不同运动员的特点,使其完成任务不会感到吃力,并且享受其中的乐趣。

(2)获得集体归属感的需要

任何人都有归属感的需要,甚至对于一些人来说,参与体能训练的目的就是要在集体当中找到归属感。其参与动机就是渴望能够归属于他人、为他人所接受,他们更需要集体带来的心理安慰,而不是有明确的目的。

因此,在体能训练过程中,要以集体成员的资格作为激励来激发这一类运动员的参与热情,运用集体的行为规范、目标以及集体的荣誉感来激发他们,使他们的运动动机更为强烈。

(3)展示自我的需要

体育运动中,展现自己的价值是很多人追求的目标。这种需要的特点往往取决于运动员的归因,因而从这一角度可以将运动员分为成功定向与失败定向两类。运动员非常重视自我价值感这一精神财产。在运动中充分展示自己的才能,能够让他人承认自己的价值,甚至他们只要自认为有价值、有能力,就能得到极大满足。

而失败定向的学生则需要教练员帮助其确立正确的目标,要通过一些积极有效的措施和手段对其需要进行满足,这样才能真正有效地激发和培养他们的内部动机。

2. 运用强化手段培养动机

强化是对于可接受的行为给予奖励或撤除消极刺激的过程。正确使用强化手段可以激发外部动机,同时对内部动机也是非常好的培养。但如果运用不得当,强化手段可能又会对内部动机和外部动机造成破坏。通常强化的效果要强于惩罚的效果,但适当的时候也要运用惩罚的手段。运用强化手段培养动机时,有几点需要注意:

(1)对应获得奖励的行为和条件进行规定。奖励要有度,不能使运动员觉得自己被控制。

(2)最好对达到标准的优异表现进行没有规律的强化。

(3)运动员间的相互强化值得鼓励。

(4)运动员必须明白奖励并不是目的,而是能力、努力和自我价值的标志。

3. 运用依从、认同和内化方法培养动机

(1)依从方法

依从方法就是利用外部奖励和惩罚来激发运动动机的方法。对一些尚未建立起良好的行为习惯、自我观念比较淡薄的运动员来说,依从方法是激发其动机的最佳手段。

(2)认同方法

利用教练员与运动员之间的关系来对运动员的运动动机进行激发,这种方法就是认同方法。认同方法是依从方法的一种隐蔽形式。要成功利用认同方法,教练必须维护好与运动员的关系,让运动员遵从要求成为一种自觉行为。

(3)内化方法

通过启发信念与价值观来激发内部动机的方法就是内化方法。

在运用依从方法、认同方法以及内化方法激发运动动机时,应注意以下几点:

第一,随着运动员年龄的增长和心智的成熟,内化方法是最适宜最有效的方法。

第二,在运动技能发展的初级阶段,依从方法是最为有效的。

第三,运动员不同的归因控制点使得激发其运动动机时也应运用不同的方法。

第四,对于以上方法均不适用的运动员,应根据其目标来选择激发其动机的方法。

4.自我调整以引发动机

大量的实践表明,使别人适当控制自己的生活能够有效地加强动机,提高成就,使责任感和自我价值感得到非常大的发展。这对于运动动机的培养和激发是非常重要的。

通常,在体能训练中,教练员安排的练习过程往往是最适合于运动员发展的,但比教练员更了解自身情况的人还是运动员自己。他们如果能够学会自己设置训练计划,那么可能会使训练计划变得更加完善。

因此,教练应根据运动员的能力和水平,适当地下放权力,对运动员的责任心、自觉性和决策能力进行培养。这样除了能够培养和激发内部动机外,运动员在生活中获得的经验也会使其受益匪浅。

教练员下放自主权,以使运动员自我引发动机时要注意以下几点:

(1)要有选择地下放自主权,其主要根据就是运动员的能力和水平。

(2)教练员应具有移情心。移情心是指一种会站在运动员的角度来观察和思考问题的能力。

(3)权力下放后仍应耐心地帮助运动员进行决策,但不要急于求成,过度指导。

5.变换训练方法以引起动机

对体能训练的环境进行适当的改变是培养与激发体能训练动机的间接方法。环境的改变包括物质和心理两个方面。物质环境的改变可以从练习场地、练习设备条件等方面入手,而心理环境的改变则可以通过取消对运动员的消极评语、对运动员分组进行适当改变、改变传统的练习方法等来实现。

第三节　体能训练的营养学基础

一、体能训练中糖类的消耗与补充

糖类又称"碳水化合物",可以分为单糖(包括半乳糖和葡萄糖)、双糖(包括蔗糖、麦芽糖、乳糖)和多糖(包括纤维素、淀粉、糖原、果胶)三类。

(一)糖类的营养功能与来源

1.糖类的营养功能

(1)供给能量。糖类在体内最主要的营养功能就是供给能量。糖是人体最经济的热能来源,它在体内可迅速氧化,及时提供能量。脂肪和蛋白质氧化供能受机体氧供条件的限制,但肌糖原在肌肉活动时能快速氧化供给能量,不受机体氧供条件的影响和制约,满足机体需要。

(2)构成神经和细胞的主要成分。糖是一种重要的机体构成物质,在所有的神经组织和细胞核中都含有糖的化合物。糖蛋白不仅是细胞的组成成分之一,而且还是结缔组织的重要组成成分,糖脂、核糖和脱氧核糖核酸参与构成神经组织。

(3)抗生酮作用。脂肪在体内氧化靠糖类供给能量。如果糖类供给不足,脂肪就氧化不全,即产生酮体,酮体在体内积存过多会引起酸中毒,所以糖类有抗生酮的作用。

(4)保肝解毒作用。糖与蛋白质结合成糖蛋白,通过保持蛋白质在肝中的储备量,摄取充足的糖量,能够使肝糖原的储备量有所增加,从而使肝对某些化学毒物等有毒物质的解毒作用进一步加强。糖原对各种细菌引起的毒血症也有解毒作用。由此可以看出,糖原不仅能够保护肝脏,使其不受有害因素的损害,而且还能使肝脏保持正常的解毒功能。

(5)促进蛋白质的吸收和利用。糖对于蛋白质在体内的代谢过程有着重要作用。当糖和蛋白质同时食用时,有利于氨基酸的活化以及蛋白质的合成,这种作用就是糖节约蛋白质的作用。

(6)维持心脏的正常生理活动。心脏的正常活动离不开磷酸葡萄糖和糖原的热能供给。由于神经系统中只能储存很少的营养素,需要利用葡萄糖进行热量的供给,因此神经系统热能的唯一来源是血中的葡萄糖。当血糖降低,就会降低心脏和肌肉的工作能力,严重者还会出现昏迷、休克甚至死亡。

2. 糖类的主要来源及供给量

(1)糖类的主要来源:糖的主要来源是粮食(米、面、玉米等)、豆类和根茎类食物(甘薯、马铃薯等)中所含的淀粉,此外水果、瓜类也含糖。我国人民的膳食习惯是多糖膳食,糖在膳食中的比例较高,一般情况下没有必要在膳食之外再另补充糖。

(2)糖类的供给量:糖的供给量与消耗量应根据工作形式和劳动强度而定,劳动强度越大、时间越长,糖的需要量就越多。一般情况下,糖占每日总热量供给量的60%—70%。体内糖储备很少,因此,必须从每日膳食中摄取。但摄入蔗糖过多时,对身体有很多危害,如糖尿病、肥胖病、心血管病、近视、龋齿等疾病的发生都与摄入过多的糖有关。

(二)糖类的消耗

糖类是体能训练时热能的主要来源之一。它在实用体能训练中的利用程度决定了体能训练者是否能具备良好的耐久力,从而顺利完成规定的体能训练强度,达到一个很好的体能训练效果。糖类易消化、耗氧少,代谢的产物主要是水和二氧化碳,在体能训练时会随时被排出,补充不及时,就会形成供需脱节,在没有及时补充而又继续体能训练的情况下,对糖类的大量需要只能来自体内贮备的糖原,从而造成糖原枯竭,对于体能训练者来说会造成不良的影响。

(三)糖类的科学补充

1.补充糖类的意义

在体能训练过程中进行科学的糖类补充,具有非常重要的意义。具体来说,主要体现在以下几个方面:

(1)高水平的糖原储备能够进一步提高运动者的抗疲劳能力。除此之外,运动前或赛前进行糖类补充,在优化肌肉和肝脏糖原储备、运动时血糖的稳定以及保障1小时内快速运动能力和长时间运动末期的冲刺力方面,都具有非常重要的作用和意义。

(2)在体能训练过程中进行糖类的补充,不仅能够使糖代谢环境得到显著改善,保持运动中的血糖浓度,维持高的糖氧化速率,节省肝糖原,减少蛋白质的消耗,而且还能够进一步提高运动能力。因此,补充糖类具有非常重要的意义。

(3)坚持长时间在体能训练过程中进行糖类补充,还可预防和延缓中枢性疲劳的发生。

(4)糖类的及时补充,其意义还体现在维持血糖浓度、减少应激激素、稳定免疫功能等方面。

(5)在进行体能训练后进行糖类的补充,在肝糖原和肌糖原的合成与储存的加强、疲劳的消除和体能的恢复、促进等方面意义重大。

2.补糖的方法

运动前补糖的方法有两种:一是在大运动负荷训练和比赛前数日,将膳食中碳水化合物占总能量比重增加到60%—70%(或10克/千克体重);二是在运动前1—4小时补糖1—5克/千克体重,固体糖和液体糖均可,但运动前1小时补糖最好使用液体糖。

运动中补糖:一般采用液体糖,同时应遵循少量多次的原则,每隔30—60分钟补充一次,补糖量一般不低于60克/小时。

运动后补糖:原则是补糖越早越好。最好在运动后即刻或头两个小时内以及每隔1—2小时连续补糖,补糖量为0.75—1克/千克体重1小时,24小时内补糖总量达到 9—12 克/千克体重。

二、体能训练中蛋白质的消耗与补充

蛋白质是生命的物质基础,是由氨基酸组成的高分子化合物。蛋白质主要由氧、碳、氢、氮四种元素构成,氨基酸是身体用来组建蛋白质的基本单元。

(一)蛋白质的营养功能与来源

1. 蛋白质的营养功能

(1)构成机体组织与细胞的主要成分:血液、肌肉、骨、皮肤等都由蛋白质参与组成。另外,蛋白质还对机体生理功能起到调节作用,是体内缓冲体系的组成部分,能够使酸碱平衡得到有效保持。人体每天所需热量的 10%—14% 来自蛋白质。

(2)供给能量:蛋白质除了能够在糖和脂肪供给的热量不足的情况下氧化分解释放出热能,在正常代谢过程中,陈旧破损的组织和细胞中的蛋白质还会分解释放出能量。另外,体内蛋白质更新分解代谢时也能释放出能量。由此可以看出,蛋白质能为身体提供能量。

(3)构成酶和激素的成分:蛋白质是许多具有生理功能的物质的主要组成成分。酶本身就是蛋白质,酶在正常体温的情况下,广泛参与人体各种各样的生命活动,如肌肉收缩、血液循环、呼吸消化、神经传导、感觉功能、能量转化、信息加工、遗传素质、生长发育和繁殖以及各种思维活动。此外,对代谢过程具有调节作用的激素、承担氧运输的血红蛋白、进行肌肉收缩的肌动、肌球蛋白和构成机体支架的胶原蛋白等本身都是蛋白质。

(4)构成免疫作用的抗体:一类球蛋白是有免疫作用的抗体,在体内和病原体(即抗原)起免疫反应,从而能保护机体免受细菌和病毒的侵害,提高机体的抵抗力。

(5)维持酸碱平衡:在维持体内酸碱平衡和水分的正常分布方面,蛋白质也具有非常重要的作用。

2. 蛋白质的主要来源及供给量

(1)蛋白质的主要来源:蛋白质的最好来源是动物性食物和植物性豆类食物。动物性蛋白与植物性蛋白相比较,具有更大的优越性。它所含的氨基酸的组成方式和人类的蛋白质相类似,营养价值也高,故称"优质蛋白质"。含蛋白质较多的食物有很多,肉类、鱼类蛋白质含量一般为10%—30%,奶类为1.3%—3.8%,蛋类为11%—14%,豆类为20%—49.8%,谷类为6%—10%。

(2)蛋白质的供给量:蛋白质在体内的储存量甚微,营养充分时可储存约1%。蛋白质的需要量与机体的活动强度、肌肉数量的多少、年龄及不同的生理状况等条件有关。蛋白质的供给量一般成人应占热能供给总量的10%—12%,儿童少年为12%—14%。正常成年人蛋白质供应量为每千克体重1—1.5克。

(二)蛋白质的消耗

一般来说,蛋白质在运动中供能的比例最小。蛋白质在运动中供能的比例取决于运动的类型、强度、持续时间及体内肌糖原的状况。体内肌糖原储备充足时,蛋白质供能仅占总消耗的5%左右;肌糖原耗竭时可上升到10%—15%;在一般运动情况下,蛋白质提供6%—7%的能量。骨骼肌可选择性摄取支链氨基酸(亮氨酸、异亮氨酸和缬氨酸)在长时间耐力型运动中进行氧化供能。

高强度和大运动负荷的训练比赛可造成肌肉组织的损伤,而组织细胞的修复需要蛋白质的参与。运动后休息期,机体蛋白质和氨基酸的合成代谢增强,以利于组织细胞的修复和骨骼肌支链氨基酸的储备。剧烈运动或高温下运动机体排汗增加,汗氨和尿氮排出量增多。同时,运动可使与运动有关的组织器官如肌肉、骨骼增大增粗,这些都说明运动会引起蛋白质的消耗量和需要量增加。

(三)蛋白质的科学补充

1.补充蛋白质和氨基酸的意义

体能训练时,蛋白质的功能主要有:帮助损伤的组织快速修复和再生；调节许多代谢过程如体液平衡、酸碱平衡、营养素的输送等；促进抗体、补体和白细胞的形成，提高免疫机能；促进肌肉蛋白质合成，增强力量；当糖原储存大量消耗时，氨基酸分解代谢可以直接参与供能；氨基酸还可以进行糖异生，维持体能训练中血糖平衡，有助于提高体能训练持久力。

由此可知，蛋白质、氨基酸缺乏都将削弱体能训练机能，所以补充优质蛋白质和某些特殊氨基酸，对提高体能训练中的人体代谢能力具有重要的作用。

2. 补充蛋白质的方法及要求

进行耐力体能训练的人，当食糖和能量摄入充足时，每日蛋白质需要量是1.0—1.8克/千克体重。体能训练水平越高，蛋白质需要量增加越多。连续数天大负荷耐力体能训练时，每日补充蛋白质1.0克/千克体重，身体仍然出现负氮平衡，这表明体内蛋白质分解多于补充，而以1.5克/千克体重摄入蛋白质时，身体处于正氮平衡。力量性项目体能训练者所需蛋白质供给量要比普通人多。因此，力量体能训练者在轻量体能训练时每日需要蛋白质1.0—1.6克/千克体重。

三、体能训练中脂肪的消耗与补充

脂类是人体的重要组成成分，主要由碳、氢、氧三种元素组成。

(一)脂肪的营养功能与来源

1. 脂肪的营养功能

(1)促进脂溶性维生素的吸收和利用：鱼肝油和奶油富含维生素A、维生素D，许多植物油富含维生素E。维生素A、维生素D、维生素E和维生素K是脂溶性维生素，脂肪能促进这些脂溶性维生素的吸收。

(2)构成一些重要生理物质：细胞膜的类脂层主要由磷脂、糖脂和胆固醇构成，合成胆汁酸、维生素D和类固醇激素又需要胆固醇这一原料。

(3)供给能量：脂肪是产能量最高的一种热源质，脂肪在体内氧化所产生的能量是糖类和蛋白质总和的1.25倍。脂肪占用空间小，可以大量储存在腹腔空隙和皮下等处,是储存能量的"燃料库"。人在饥饿时首先动用体脂来避免体内蛋白质的消耗。骆驼及冬眠动物等都是靠体脂来维持不进食期间的生存的。

(4)保护内脏器官,形成皮下脂肪以维持体温:脂肪能够填充衬垫、支持和保护固定体内各种脏器和关节。另外,脂肪是热的不良导体,皮下脂肪不仅能够防止体温过多向外散失,而且还能阻止外界热能传导到体内,因此有维持正常体温的作用。

(5)增加食物的美味和饱腹感:脂肪可使食物酥软、香脆,增进食欲;此外,脂肪在胃肠道内停留时间长,所以有增加饱腹感的作用。

2.脂肪的主要来源及供给量

(1)脂肪的主要来源:脂肪主要来自动物性食物,如猪油、羊油、牛油、奶油及蛋黄等,也来自植物性食物,如大豆、芝麻、花生等。

(2)脂肪的供给量:每日膳食中有50克脂肪就能基本满足人体的需要。一般认为脂肪应占每日热能供应量的17%—20%,不宜超过30%。

(二)脂肪的消耗

运动强度不同,脂肪的动员和供能也不同。当运动强度为25%最大摄氧量(VO_2max)时,脂肪组织动员利用的脂肪供能量多,随着运动强度的不断增大,呈现减少趋势。而骨骼肌脂肪在25%VO_2max强度时利用减少,当强度达到65%VO_2max时,动员利用最多,在85%VO_2max强度时出现减少。此时,机体主要利用碳水化合物供能。

(三)脂肪的科学补充

如果长时间进行体能训练,并且氧充足,那么这时候为其提供能量的就是脂肪。一般来说,在运动强度小于最大耗氧量55%时,脂肪酸才能氧化供能。由于体能训练的强度较大,如果长时间进行体能训练,就会导致体内三酰甘油和低密度脂蛋白胆固醇有一定程度的减少,但高密度脂蛋白胆固醇增多,这对于动脉硬化及冠心病等的预防和治疗非常有利。除此之外,长时间的体能训练,在脂肪组织中的脂肪酸游离出来参与供能,以及运动造成的机体热量负平衡等方面,都能起到非常积极的推动作用。另外,在运动者体内脂肪的减少方面,进行科学合理的脂肪补充也能起到积极的促进作用。

四、体能训练中维生素的消耗与补充

维生素又称"维他命",是维持身体健康所必需的一类有机化合物,是人类食物中不可缺少的物质。人体自身不能合成维生素,必须由外界的食物提供。维生素由碳、氢、氧等元素组成。

(一)体能训练与维生素 A

维生素 A 是形成眼视网膜中视紫质的原料,具有保护角膜上皮防止角质化的作用。如果缺乏,往往会导致夜盲症、干眼病等疾病的发生。因此,视力要求较高的运动项目如射击、射箭、乒乓球、跳水等,对维生素 A 的需要量比较高。一般运动员维生素 A 的推荐摄入量为每日 1500 微克,视力活动紧张项目为每日 1800 微克。维生素 A 长期大量摄入可引起中毒,不可补充过多。动物肝脏、深黄色或深绿色蔬菜、红黄色水果、蛋黄等食物中富含维生素 A。

(二)体能训练与维生素 B_1

维生素 B_1 是糖代谢中丙酮酸等氧化脱羧所必需的辅酶的组成成分,其还与神经递质乙酰胆碱的合成与分解有关。维生素 B_1 缺乏时,运动后的丙酮酸及乳酸堆积,使机体容易疲劳,并可引起乳酸脱氢酶活力减低,影响骨骼肌与心脏的功能。

运动员很少出现严重的维生素 B_1 缺乏症,一般仅发生维生素 B_1 不足或边缘性缺乏。我国运动员维生素 B_1 的推荐摄入量为 3—5 毫克/天,高于我国普通成年男女的膳食参考摄入量(分别为 1.4 毫克/天和 1.3 毫克/天)。维生素 B_1 的主要来源为米、面、核桃、花生、芝麻和豆类等粗糙的粮食的胚芽和外皮部分,故加工越精细,损失越多。另外,瘦猪肉、动物肝脏等物质中也含有维生素 B_1。

(三)体能训练与维生素 B_2

维生素 B_2 是构成体内多种呼吸酶的辅酶的成分,与体内的氧化还原反应和细胞呼吸有关。缺乏维生素 B_2 的运动者,容易出现肌肉无力、耐久力受损害、疲劳等症状。我国推荐运动员维生素 B_2 的适宜摄入量为 2.0—2.5 毫克/天。维生素 B_2 主要来源于动物肝、肾脏、青菜等食物中。

(四)体能训练与维生素 C

维生素 C 具有很强的还原性,参与氨基酸和蛋白质的代谢。运动使机体的维生素 C 代谢加强,短时间运动后血液维生素 C 的含量升高,但长时间运动后下降。不同的运动负荷后,不论血液中维生素含量是升高还是下降,组织维生素 C 均表现为减少。运动机体维生素 C 不足时,白细胞的吞噬功能下降。运动者在过度训练时,血液维生素 C 的水平和白细胞吞噬功能都下降。维生素 C 还有消除疲劳、提高耐力以及促进创伤愈合等作用。

维生素 C 分布很广,水果、叶菜类、谷类等食物中都含有丰富的维生素 C。其易受储存和烹调破坏,所以蔬菜、水果应以新鲜、生食为好。我国推荐的运动员膳食维生素 C 的摄入量在训练期为 140 毫克/天,比赛期为 200 毫克/天。进行极限或次极限强度运动时,每消耗 1000 千卡能量,需供给维生素 C 22—25 毫克。在进行长时间中等强度的运动负荷时,运动时间超过 2 小时以上(如长跑、马拉松等),每消耗 1000 千卡能量,需供给维生素 C 30 毫克。

(五)体能训练与维生素 E

维生素 E 具有抗氧化作用,具有促进蛋白质的合成和防止肌肉萎缩等生物学作用,可提高肌肉力量。有研究报告指出,运动员在高原或在低氧低压条件下训练,补充维生素 E 可以提高最大摄氧量,减少氧债和血乳酸。食物油、奶、蛋等食物中富含维生素 E。我国推荐的运动员膳食维生素 E 摄入量为 30 毫克/天,如果在高原训练,则增加到 30—50 毫克/天。

五、体能训练中矿物质的消耗与补充

人体内所含矿物质元素的种类非常多,总量约占体重的 5%,矿物质对人体有着重要的作用,人体内的许多生化过程都要依靠矿物质。

(一)体能训练与钙

钙营养的平衡对保持运动能力非常重要。钙缺乏可引起肌肉抽搐,长期钙摄入不足会导致骨密度降低。运动具有增加钙丢失的作用,同时又具有促进钙在骨内沉积、增加骨密度的作用。只有在钙摄入量充足的情况下,运动才有增加骨密度的作用。在青春期前加强体育锻炼,非常有利于骨密度的增加。

一般训练情况下,钙的需求量是每日1000毫克,运动量或运动强度大时,要增加到1000—1500毫克。奶及其制品、绿叶蔬菜、虾皮、豆类、海带等食物中含有丰富的钙。

(二)体能训练与钾

成人体内总含钾量为117克左右。大部分存在于细胞内液,只有约2%存在于细胞外液。当血钾浓度降低时,脑垂体生长素输出下降,造成肌肉生长减慢。口服钾可迅速恢复生长素水平和胰岛素样生长因子水平。

进行大强度运动,尤其在高温下进行时,汗液中会丢失大量的钾。缺钾可抑制糖的利用,ATP和蛋白质合成受阻,出现肌肉兴奋性降低、肌肉无力、心脏节律紊乱等。运动后不及时补钾,可影响糖原的合成和肌肉组织的修复,从而影响运动能力的恢复。运动大量出汗前后适量补充钾盐十分必要。

在运动情况下,人每日钾的需求量为3—5克,主要来源于植物性食物,比如豆及豆制品、海带、香菇、花椒、谷类以及蔬菜和水果等。

(三)体能训练与铁

铁营养与运动员的氧代谢和耐久力有关。运动员中发生缺铁性贫血的比率较高,可能与铁摄入不足有关。此外,运动引起铁代谢的加快,铁吸收受到影响,且铁排出增多。调查研究显示,女运动员的铁储备状况差于男运动员,而且缺铁性贫血的发生率较高。

成人身体总铁量为3.5—4.0克。运动者由于铁的需要量高、丢失增加,再加上摄入不足,普遍存在铁营养状况不良的情况。因此,运动者膳食中应加强铁的摄入。含铁最多的是动物肝脏,其吸收率也最高,除此之外,瘦肉、豆类、蛋类、绿色蔬菜等食物中的含铁量也较高。

(四)体能训练与镁

骨骼和肌肉中含有一定量的镁。镁离子不仅参与维持神经肌肉的兴奋性,还是体内多种酶的激活剂。镁是常量元素中体内含量和需要量最少的,通常情况下是不会缺乏的,但如果在运动时出汗过多,就会有较多的镁流失。如果缺镁,情绪易激动,肌肉容易发生抽搐,应增加镁的供给量。富含镁的食物有植物性食物,比如全谷物、豆类、蔬菜及海产品等。

(五)体能训练与锌

关于锌的含量,红细胞约为血浆的10倍,其主要以碳酸酐酶和其他含锌金属酶类的形式存在。锌的主要功能在于它是多种酶的组成成分和激活剂,调节体内各种代谢,且锌可以影响睾酮的产生和运输。因此,锌与运动能力之间具有非常密切的关系。

锌与体内200多种酶的活性有关,与雄性激素的合成关系密切。运动员锌的推荐摄入量与铁相同,为每天20毫克,如果在大运动负荷训练或高温环境下训练,应每天摄入25毫克。锌来源于动物性蛋白质,其中海牡蛎含锌最丰富。

六、体能训练中水的消耗与补充

水占成人体重的50%—70%,是人体重要的组成部分和不可缺少的营养物质。

(一)水的营养功能与来源

1. 水的营养功能

(1)参与人体正常的代谢过程:体内各种生理活动和生化反应离不开水这一重要介质,它参与机体内代谢过程,一切代谢活动都依赖水,否则便无法进行,生命也就停止了。

(2)维持机体正常的新陈代谢:由于水有很强的溶解能力,许多物质可以溶解在水中通过循环系统转运,因此可以说,水是体内吸收、运输营养物质,排泄代谢废物的最重要的载体。

(3)调整并维持正常的体温:水的汽化热很大,1克水汽化要吸收580卡热量。因此,汗液的蒸发可散发大量热量,从而避免体温过高,维持正常的体温。

(4)水的润滑功能:泪液、唾液、关节液、胸腔腹腔的浆液起着润滑组织防止发生摩擦的作用。

(5)能够较好地维持血容量,使脏器的形态和机能得到有力保障。

2.水的主要来源及供给量

体内水的来源主要是饮料水、食物水和代谢水。食物水主要是指蔬菜和水果,所以在日常生活中,除正常饮用水外,要多吃蔬菜和水果。水的供给量随年龄、体重、气候及劳动(或运动)强度而异,正常成人每日需水2000—2500毫升,不同年龄的人每日需水量不同。一般情况下,水的出入量是平衡的,体内不能储存多余的水分,也不能缺水。若摄入水分不足,或因出汗、腹泻等排出水分过多,会使机体失水,影响人体的生理功能。

(二)水的消耗

在体能训练过程中,出汗是对水最大的消耗,出汗能够对机体的热量平衡起到积极的调节作用。运动时出汗量受运动项目、气压、温度、气温、热辐射强度、单位时间运动量及饮食中的含盐量等因素影响。由此可以看出,为避免影响体能训练,要在运动过程中适当地补充水,通常情况下,都要遵循少量多次的水分补充原则,以达到较为适宜的补水,满足运动中机体对水的需求。

(三)水的科学补充

1.补充水分的意义

脱水后补液的时间越迟,体能训练能力的降低越严重。体能训练时,当失水速度达到275毫升/小时的脱水阈时,就会引发机体发生脱水。研究已表明,间歇性体能训练项目体能训练者的相对出汗率不仅不比耐力性体能训练项目体能训练者低,还可高于耐力性体能训练项目。间歇性体能训练项目,如篮球、足球、网球等在体能训练前和体能训练中合理补液,可以维持血浆容量,防止体能训练中心率和体温的过度升高,从而有助于提高体能训练能力。

2.补液的方法

(1)补液的原则:补液应该遵循预防性补充的原则和少量多次的原则。预防性补充可以避免脱水的发生,防止运动能力的下降。少量多次可以避免一次性大量补液对胃、肠道和心血管系统造成的负担。为保持最大的运动能力和最迅速地恢复体力,补液的总量一定要大于失水的总量,特别是补钠的量一定要大于丢失的量。

(2)补液的具体措施:运动前2小时可饮用400—600毫升含电解质和糖的运动饮料,也可在运动前15—20分钟补液400—700毫升。要少量多次摄入,每次100—200毫升,不能短时间内大量饮液。

运动中补液的总量不超过800毫升/小时。运动中补液必须少量多次进行,可以每隔15—20分钟补液150—300毫升,不要饮液过多。

运动后补充含糖5%—10%和含钠30—40毫克的运动饮料,不要用盐片补钠,防止暴饮白开水。

第四节 体能训练的生物力学基础

一、人体运动的时空特征

人体运动的时空特征主要表现在三个方面,即时间特征、空间特征和时空特征。

(一)时间特征

(1)时刻。时刻是指物体在空间某一位置的时间度量。时刻的主要作用是表示运动的始末以及标识关键技术的时相,如运动员关键的身体姿位、特定的关节角度等。

(2)时间。时间即两时刻间的间隔。在运动员的运动训练和比赛中,持续时间是运动的时间度量,单位用秒(s)表示。一般来说,评价运动员动作技术优劣的重要参数就是运动持续时间。

(二)空间特征

(1)位移、轨迹和路程。位移,是指从物体初始点指向终点的矢量,单位用米(m)表示。它是用来描述物体位置变化的。轨迹是质点运动的路径。路程则是物体运动轨迹的长度,路程为标量,单位也是米。

(2)角位移。人体的运动如果按照刚体运动的形式分,有平动、转动和复合运动三种。虽然转动刚体上的各个质点在同一时间间隔内的线位移不同,但转过的角度是相同的。据此,在描述转动时,就可采用物体转过的角度来描述,称为刚体转动的角位移,以逆时针方向为正。角位移的单位通常用度(°)、弧度(rad)表示。

(三)时空特征

1. 速度和加速度

(1)速度与速率

所谓速度,即描述物体运动快慢的时空物理量。人体在变速直线运动中的位移和通过这段位移所需的时间之比,就是人体在这段时间内(或这段位移)的平均速度。

所谓速率,即人体或物体运动经过的路程与其所用的时间之比。速率反映的是单位时间内物体路程改变的数量大小。

(2)加速度

加速度即描述物体速度变化快慢的物理量。平均加速度则是指人体运动的速度变化量与发生这种变化所用的时间之比。在体育运动中,加速度通常指瞬时加速度。

2. 角速度和角加速度

所谓角速度,即描述物体转动运动快慢的度量,单位为弧度/秒(rad/

s)或度/秒(°/s)、周/秒。所谓角加速度,即描述角速度变化快慢的物理量,单位为弧度/秒^2(rad/s^2)或度/秒^2(°/s^2)。

二、人体运动的平衡与稳定

人体的平衡状态就是指相对于惯性参照系静止或做匀速直线运动的状态。在体育运动中,运动员往往需要做各种平衡动作以辅助各项运动技能的完成,如武术中的大鹏展翅、吊环的十字支撑等。对于这些项目来说,人体平衡能力非常重要。

人体在抵抗各种外界因素的干扰中保持平衡的能力,就是稳定性。人体的稳定性可分为两种,即静态稳定性和动态稳定性。静态稳定性即人体静止时抵抗各种干扰的能力;动态稳定性即人体重心偏移平衡位置后,去除干扰因素,人体仍能恢复到初始平衡范围。在运动员进行训练的过程中,这两种稳定性都起着重要的作用。

(一)人体平衡的类型

(1)根据人体重心和支撑点的位置关系划分,人体平衡可分为上支撑平衡、下支撑平衡和混合支撑平衡三种。

①上支撑平衡,即支撑点在重心上方,如单杠悬垂平衡。

②下支撑平衡,即支撑点在重心的下方,如手倒立平衡。

③混合支撑平衡,即人体重心位于上、下两支撑点之间的平衡,如肋木侧身平衡。

(2)根据平衡的稳定程度划分,人体平衡可划分为以下四种类型:

①稳定平衡,即人体的姿位不管有多大的偏离都能回复到原来姿位的平衡。在体育运动中,上支撑平衡往往是稳定平衡。

②有限稳定平衡,即人体姿位的偏离仅在一定范围内,能够回复到原来姿位的平衡。下支撑中的面支撑平衡都是有限稳定平衡。

③不稳定平衡,即人体只要有极小的偏离就一定倾倒的平衡。不稳定平衡仅见于下支撑中的点支撑或线支撑,如高空走钢丝、杂技中自行车定车等都属于不稳定平衡,它们的支撑面很窄,可近似看作线支撑。

④随遇平衡,即人体姿位不管如何偏离,都能在新位置重新建立平衡。这种平衡的特点是物体偏离原来位置时,重心高度不变。在体育运动中,球体的平衡就属于随遇平衡。

(二)人体稳定度的影响因素

在运动中,人体的平衡大多属于下支撑平衡。影响人体下支撑平衡稳定度的因素主要有以下几点:

(1)支撑面大小。支撑面大小通常影响着人体的稳定性。一般来说,支撑面小,稳定度就小;支撑面大,稳定度就大。

(2)重心的高度。如果支撑面大小不变,人体的重心位置越低,其稳定度就越大;重心位置越高,其稳定度就会越小。

(3)稳定角。稳定角就是指重力作用线和重心至支撑面边缘相应点的连线间的夹角。一般情况下,稳定角越大,人体或物体的稳定性就越好。

(4)稳定系数。稳定系数即稳定力矩与倾倒力矩之比值。它能够表明物体依靠重力抵抗平衡受破坏的能力。当稳定系数大于1时,物体能抵抗外来倾倒力矩,平衡不被破坏;当稳定系数小于1时,物体不能抵抗外来的倾倒力矩,平衡会遭到破坏,物体会翻倒。

需要注意的是,稳定性与平衡并不是同一个概念,需要加以区分。一般来说,稳定性是保持人体某种姿态或运动状态的能力,而人体平衡则是人体在外力作用下的身体姿态。

第七章 大学生体能训练的方法与训练原则

第一节 体能训练流行的锻炼方法

一、有氧锻炼法

(一)有氧锻炼法概述

有氧锻炼法是指大学生通过呼吸能够满足运动对氧气的需要,在"不负氧债"的情况下进行健身锻炼的方法。这种锻炼的运动负荷强度适中,运动时间较长,以增强心血管系统和呼吸系统功能为主要目标,是近年来国内较流行的一种锻炼方法。

有氧锻炼的好处是能够提高肺脏的功能;提高心脏的功能;使肌肉和血管的张力改善,使软弱无力的肌肉和血管变得坚韧,有助于降低血压;能增加血流量,使氧输送更为顺利;提高最大耗氧量,增强整个身体特别是心肺、血管等功能,提高抗病力,等等。

在进行有氧锻炼前,要进行身体检查,这是确保大学生锻炼安全的保证。在身体检查合格以后,进行体力测试,以确定大学生的体力程度,为确定有氧活动的时间和距离提供依据。确定大学生的体力水平可采用12分钟跑,当然,也可采用24分钟跑或定距离跑。通过体力测试,体力水平较高的学生可以直接按照锻炼方案进行锻炼,体力水平较弱的学生,需要进行预备性体育锻炼。

运用有氧健身法的关键是掌握练习强度,这种练习强度既要处在有效健身价值阈以上,又不能超过无氧阈值,以保持无氧的性质。国内较为流行的是用运动时心率控制练习强度,可以用 130 次/分左右,不高于 150 次/分作为控制指标。

(二)有氧锻炼法的注意事项

1. 要根据有氧锻炼的特点选择锻炼项目

有氧锻炼以提高大学生心血管和呼吸系统功能为目的,以有氧耐力水平的提高为标志,其项目特点是长时间小强度匀速运动。因此,在项目选择上不宜采用肌肉等长运动方式,一般不采用举重、力量体操等运动,也不主张运用短跑等无氧运动手段。

2. 锻炼要因人而异

每个个体及其在不同的年龄阶段,其心血管和呼吸系统的功能是有差异的,有氧锻炼的强度也应有所不同。为此,首先要通过耐力测验的结果衡量大学生的体力情况,据此制定个人的有氧锻炼方案。

3. 要做好准备活动和整理活动

心血管和呼吸系统从相对安静的状态转入功能较高的运动状态,要有一个准备过程。跑的准备活动应使全脚掌着地,以利于伸展下肢和关节,准备活动的节奏也要由慢到快,逐步达到基本练习的要求。

二、发达肌肉法

发达肌肉法也称体形锻炼法,是指大学生在发展力量素质的同时,以增长肌肉、健美体形为目的所采用的方法。

爱美之心人皆有之。体育运动能够塑造健美的体形,因此发达肌肉法受到大学生的普遍重视,从而构成体育运动的一个重要分支——健美运动。健美运动十分流行,由于大学生个人的条件不同,他们对体形美的性质和要求不尽相同,以发达肌肉为主要方法的健美运动也可分成若干类型,即肌肉发达型、体能型和姿态型。

增大肌肉体积与发展力量素质在锻炼方向上基本一致,这是因为力量素质的发展是以相应的肌肉体积增长为基础的。然而,体形健美不仅仅要求发展力量素质,还要依据匀称、协调和美学要求使各部分肌肉达到特定的比例,从而塑造美的体形。发达肌肉的锻炼内容包括:运用体操项目中的单杠、双杠、吊环等器械发展躯干和上肢肌肉。如双杠中的支撑双臂屈伸、双臂支撑摆动屈伸,单杠的引体向上、摆动屈伸等。运用哑铃、拉力器、杠铃、综合练习器等器材,促使身体各部位肌肉协调发展。运用克服自身体重的徒手练习,如跳跃、蹲起、俯卧撑、仰卧起坐等。这种练习不受器材及场地限制,简便易行,但发达肌肉的效果,一般不如器械练习明显而迅速。对发达肌肉和健美体形有重大影响的是身体各部分的大肌肉群,主要包括肩部肌群、臂部肌群、胸部肌群、背部肌群、腹部肌群和腿部肌群。这些肌群的体积和线条构成身体的整体外观,是在发达肌肉和体形锻炼中必须重点锻炼的部位。

三、消遣运动法

消遣运动法是指为了寻求生理和心理上的放松,欢度余暇而进行身体锻炼的方法。这种锻炼方法的活动强度不大,令人轻松愉快,具有安抚身心、消除疲劳的功效。消遣运动也称休闲体育,是随着现代社会的发展而逐渐发展和兴盛起来的。随着人类对自然界开发的广度和深度的不断提高,社会运动的时间节奏显示出由慢到快的变化趋势。为了消除"快节奏"所造成的不利影响,现代社会大大增加了余暇时间,有着丰富的余暇活动,从而对社会成员起到了巨大的调节和缓冲作用。

此外,人们在满足了基本的生活需要以后,享受的需要、发展的需要也随之出现,并成为影响人们生活方式和行为方式的强大动力。人们需要利用各种方式,包括休闲娱乐的方式不断充实和完善自己,以努力提高个人的物质生活和精神生活质量。因此,消遣运动就成为现代人十分重要的活动领域。人们在余暇时间里的消遣运动和方式有很多,如制作手工工艺品、收藏、观看戏剧电影、欣赏音乐等。从体育的角度分析,可分为两类,一类是观赏性体育活动(非运动性消遣活动),如通过观赏各种体育比赛或表演,获得心理满足;另一类是体力性活动(运动性消遣活动),如散步、旅行、踏青、登高、狩猎、垂钓、泛舟等。

采用消遣运动法时应注意的方面包括:情绪放松,注意力专注于活动对象,要暂时忘记和摆脱工作、生活的困扰。活动内容的选择要以兴趣爱好为前提,符合个人意愿。运动负荷以小、中强度为宜,以运动后能产生惬意的疲劳感为好。为增进情感交流,增添消遣情趣,最好能与亲友结伴而行,陪同活动。

第二节 体能训练的训练方法

运动训练的方法极其丰富,分类非常复杂,常用的训练方法包括以下几种:

一、持续训练法

持续训练法是指在较长的时间里,用较稳定的强度,不间歇地进行练习的方法。持续训练法通常用于发展一般耐力,例如:长距离跑或游戏,球类中的多球训练,体操中的单个或成套动作的连续重复练习等。

二、间歇训练法

间歇训练法是指在一次或一组练习之后,严格按照规定的间歇时间和积极性休息的方式进行,在大学生机体未完全恢复的情况下就进行下一次(组)练习的方法。间歇训练法同重复训练法相类似,练习之间都有一定的间歇时间。区别的关键在于间歇训练法每次练习的间歇时间都有严格规定,要在大学生机体未完全恢复的情况下就开始第二次练习,而重复训练法的间歇时间要在大学生的机体基本恢复的情况下才开始第二次练习。

对于提高大学生的心血管系统的机能而言,间歇训练法特别有用。通常间歇休息在心率降低到40—120次/分钟时又开始下次练习。此时心脏每搏输出量能够达到最大值,耗氧量也达到最大值,接着又对心脏施加新的强烈刺激,这有利于增加心肌耐力,增大心脏容积,较快地提高心脏的功能。

贯彻间歇训练法应注意以下几方面的问题。

第一,明确构成间歇训练法的五个因素,并根据训练要解决的问题,有的放矢地进行安排和调整。这五个因素是：每次练习的距离和时间，每次练习重复的次数和组数，每次练习的负荷强度，每次或每组练习之间的间歇时间，间歇时的休息方式。

体能训练通常采用两种间歇训练法，主要是调节强度的办法。小强度间歇训练法占个人最大强度的30%—50%，用于发展有氧耐力和局部肌肉耐力的训练法。较大强度间歇训练法占个人最大强度的50%—80%，用于发展速度耐力和速度力量的训练法。

第二，对于机体机能水平尚低的学生，难以胜任较大的运动负荷，不宜采用间歇训练法。对于可以胜任较大运动负荷的学生，可采用间歇训练法。

第三，间歇休息的方式应该采用有轻微活动的积极性休息，以加速乳酸的排除。

三、变换训练法

变换训练法是指在练习过程中有目的地变换练习的负荷、动作组合以及变换练习的环境、条件等情况下进行训练的方法，这是一个运用很广泛的训练方法，只有在方法上不断变化，才能将训练实践搞活，达到不同的训练目的。

(一)变换训练法的作用

提高大学生机体对训练和比赛的适应能力。培养大学生的多种运动感，如时间感、空间感觉、速度感、节奏感等。避免练习过程中的单调乏味，提高大学生的情绪、兴趣和积极性。

(二)学校课余运动队训练中变换训练的常用形式

改变负荷的变换法。其目的主要是提高对不同负荷的适应能力，在篮球、足球等项目中运用短距离的变速、变向跑(慢跑时突然加速或加速变向)用以发展专项速度耐力。

改变动作组合的变换法。这种变换法多用于技术训练，特别是技术动作多，组合方式较为灵活的项目。如体操、篮球等项目采用这种方法对提高动作的连接技术、获得多种感觉信息有重要意义。

改变练习环境和条件的变换法。如场地器材条件,观众情绪条件,有对手、无对手条件,与不同技术特点的对手相对抗等。这种训练主要为了提高大学生适应变化条件的能力,提高在变化条件下运用技术的能力及心理的稳定性。

四、综合训练法

综合训练法就是把重复法、变换法、间歇法、竞赛法等结合起来运用的方法,它可集诸法之所长,取得训练的良好效果。综合训练法有两种主要组织方式:一种是将上述各种训练法综合运用,另一种是循环训练法。循环训练法的组织方式与循环练习法的组织方式相同,所不同的是练习内容要结合专项进行选择,练习应有重点内容。由于训练"负荷"相对较大,更应注意训练顺序排列的合理性,一般来讲从下肢活动开始为好。

五、竞赛训练法

在比赛的条件与要求下进行练习的方法,称竞赛训练法。它的主要特点是练习具有竞争性。学校运动训练中已广泛采用的方法有游戏性竞赛、身体素质比赛、技术和战术比赛、非专项比赛,采用竞赛法应该注意以下几个方面的问题。

第一,竞赛作为手段,运用时应该目的明确,应该根据训练任务和正式比赛任务采用某种类型的竞赛训练法。例如:教师可以从某一角度从严或放宽规则,或增加新的规则;缩小场地减少人数的足球训练比赛,用以提高基本技术、控制球的能力;作为检查训练效果的比赛一般安排在某一阶段的后期进行。

第二,要加强比赛训练的组织工作。集体成队的游戏和比赛,两队水平要接近,维持平衡的对抗,激发参加者的情绪,并且要有意识地培养大学生参与组织比赛裁判工作的能力。对于比赛进程中的负荷发展,教师要善于控制。

第三,训练性比赛是一种很好的对大学生进行道德作风、意志品质教育的形式。用最快的方式把学生组织起来,在比赛规则允许的范围内通力协作,力争优胜,评比、表扬优良行为,做到实事求是,赏罚分明,这样就比较容易取得训练的效果。

六、心理训练法

心理训练法是采用心理学的手段对大学生进行训练的一种方法,课余体育训练中,常用的心理训练方法有以下几种。

(一)放松训练

放松训练是指专心致志地使自己的身心放松的一种方法。它是采用一定的自我暗示的套语,即用意念将注意力导引到一定的方向和范围,从而促进肌肉和大脑放松,调节植物性神经系统的机能,消除心理紧张,消除疲劳,提高人体工作能力。

(二)念动训练

念动训练也叫内心默念或"过电影",是在思想上完成动作的过程。念动训练是以意念动作为基础,反复进行思想表象,与此同时引起神经、脉搏和肌肉系统的相应变化,从而起到训练的作用。

(三)集中注意力训练

集中注意力训练是坚持全神贯注于某一个确定的目标,或者将被某些因素干扰的注意力重新集中起来的一种训练方法。集中注意力的训练方法很多,如集中注意力观察对方动作变化、球的飞行路线和落点;教师用轻微的声音发出指令,让大学生执行,这种微弱的声音可迫使大学生自觉地集中注意力,在周围嘈杂的环境下做各种方向、路线变化的练习。

七、运动处方训练法

运动处方训练法是指医生以处方的形式规定锻炼的内容、运动量和注意事项,从而指导人们科学地从事体育锻炼的方法。运动处方有两种情况,一种是体育保健医生给大学生开运动处方,就像医生给病人开处方一样;另一种是大学生自己给自己开处方。根据大学生不同的身体状况以及锻炼目的,运动处方可分为治疗性运动处方和预防性运动处方。

运动处方法的基本要素包括:第一,运动的内容。必须有针对性,确定可以治病和健身。第二,运动的次数。这里指每周的次数,最理想的是每天坚持运动,一般可以隔一天运动一次,但必须考虑大学生的具体情况。第三,运动时间。这里指每天运动多长时间要根据项目和大学生的身体状况来决定。第四,运动强度。要根据大学生的健康水平和运动能力来确定。第五,大学生身体健康状况的指标。大学生在身体运动或制定运动处方之前必须经医生进行健康检查。第六,注意事项。根据部分健康指标拟定身体运动的注意事项。

八、利用自然条件训练法

利用自然条件训练法是指大学生利用日光、空气、温度、水、沙、泥等自然条件,对人体有意识地施加影响的一种身体运动方法。这种方法主要是利用自然因素来促进机体的新陈代谢能力,防止某些疾病,以增强机体适应自然的能力,促进机体的生长发育等。利用自然条件法,一定要考虑身体的现状,若身体有病(心血管病、肾病、肝病等),则不能随便采用此方法,可以治疗的疾病有皮肤病、关节炎等。利用自然条件法主要有日光浴、空气浴、温矿泉浴、沙滩浴、泥埋浴等。

第三节 体能训练的一般方法

一、一般方法

(一)负重练习法

负重练习法即载负重量进行锻炼,它要求大学生按一定的次数、重量、标准和动作频率去锻炼身体,增强体质。如使用杠铃、沙袋等锻炼身体和增强力量素质。

(二)重复锻炼法

重复锻炼法是按预定内容反复进行某一锻炼的方法。如重复进行60米加速跑4—6次,每次跑后间歇1—2分钟,且每次跑的距离和速度不变。该方法主要用于发展下肢力量和速度素质。

(三)综合锻炼法

综合锻炼法是在进行身体锻炼的过程中,为促进身体各部位的全面发展而把对身体各个部位有不同作用的几个或更多的运动项目搭配起来,形成一个可影响身体数个部位乃至全身所有部位进行运动的方法。如跳绳→立卧撑→引体向上→双臂屈伸→多级跳远等综合锻炼法。

(四)身体不同部位锻炼方法

1. 头颈运动

头为人之首,常练可使大脑供血充分,有利于消除脑疲劳、增强记忆力。锻炼方法有头前屈、后屈、侧屈、回旋等。

2. 上肢运动

锻炼方法有俯卧撑、双杠臂屈伸、单杠引体向上及持器械的各种练习。

3. 躯干运动

锻炼方法有仰卧起坐、仰卧举腿、仰卧两头起,悬垂举腿、腰侧屈等。

4. 下肢的运动

下肢为人体支柱,应使其发达、健壮。锻炼方法有杠铃深蹲、半蹲、提踵、跳跃等。

二、发展身体素质的方法

(一)发展力量素质的方法

力量是指肌肉紧张或收缩时所表现出来的一种能力。力量素质是身体素质的基础。发展力量素质应根据目的的不同而采取不同的方法。一般情况下,发展绝对力量采用重量大、组数多、次数少的方法;发展速度力量采用中重量、中次数、组数少的方法;发展小肌肉群力量和力量耐力采用重量小、组数少、次数多的方法。

(二)发展耐力素质的方法

耐力素质是有机体长时间工作克服疲劳及疲劳后快速恢复的能力。按运动的外在表现可分为速度耐力、力量耐力和一般耐力;按所影响的器官分为心血管耐力和肌肉耐力等；按能量供应特点分为有氧耐力和无氧耐力等。练习时，应强调大学生的意志品质、呼吸深度和呼吸方法。发展有氧耐力主要是提高心肺功能，运动时间要求在15分钟以上（至少为5分钟），锻炼时负荷强度应达到所能承受最大强度的80%左右（心率大约在150次/分），经常采用持续负荷（包括连续负荷法和交替负荷法两种）方法，如选用跑步、跳绳、原地跑、球类、自行车、溜冰、划船等锻炼手段进行锻炼，锻炼时应注意逐渐增加运动强度和密度。

(三)发展速度素质的方法

速度素质是指人体快速运动的能力。速度可分为反应速度、动作速度和移动速度，各种速度素质练习都应在体力充沛、精力饱满的情况下进行。

反应速度：即对外界刺激反应的快慢。利用信号让大学生做出相应的反应是常用的方法。

动作速度：即完成某一动作的快慢。减小难度法（顺风跑、下坡跑等）、加大难度法（跳高前的负重跳等）和时限法（按一定节拍或跟随别人较快的节奏等，以改变自己的动作节奏或速度），是常用的发展动作速度的方法。

移动速度：即单位时间内位移的距离。发展的方法有最大速度跑、加快动作频率和发展下肢爆发力量。

(四)发展灵敏素质的方法

灵敏是指在多变的运动环境中迅速改变身体位置的能力。发展的方法有在跑跳中迅速、准确、协调地完成各种动作、各种综合练习、各种变换方向的追逐性游戏及球类活动等。

(五)发展柔韧素质的方法

柔韧是指关节活动的幅度，肌肉、肌腱韧带等软组织的伸展能力。一般以采用静力性拉长肌肉和结缔组织的方法发展柔韧素质成效较快。静力性练习要求保持8—10秒，重复8—10次，如压、搬、劈、蹦、体前屈、转体、绕环等动作,并以身体感到酸、胀、痛为限。控制在 5—30 次之间的动力性拉伸练习(踢腿、摆腿、甩腰等),也是发展柔韧素质的方法之一。发展柔韧素质应将静力与动力、主动与被动练习相结合,坚持细水长流。

三、推荐简便易行的锻炼方法

(一)步行锻炼法

步行是体育锻炼中最简便易行的锻炼方法。步行锻炼主要由步行的距离、速度决定其运动强度,大学生应根据本人的实际情况进行选择。

(二)跑步锻炼法

跑步是一种有关肌肉群反复活动的全身有氧运动。利用跑步可以消耗体内过剩的热量,有助于减少大学生体内的脂肪和控制体重。

(三)游泳锻炼法

游泳的锻炼价值与跑步非常相似。由于人在水中受到水的阻力和浮力以及水温的影响,其游进和跑步同样的距离,所需的能量是跑步的 4 倍之多,心率却处于较低水平,因此是一种更安全的健身方法。

(四)跳绳锻炼法

跳绳能提高心血管系统和呼吸系统的功能,提高肌肉长时间工作的能力,同时能使人的速度、灵敏、协调性等得到加强。

(五)有氧操锻炼法

有氧操是一种充满活力的锻炼方法,在提高心血管系统和呼吸系统的功能方面有明显作用。跳操可以使体重得到有效控制,健美身材,愉悦身心。

第四节 体能训练的训练原则

体能训练锻炼方法虽然简单易学,可以提高大学生的身体健康水平,但想要科学地安排体育锻炼,避免伤病事故,就必须遵循体育锻炼的基本原则。

一、循序渐进原则

体育锻炼的循序渐进原则是指在学习体育技能和安排运动量时,要由小到大,由易到难,由简到繁,逐渐进行。大学生在进行体育锻炼时,要逐渐地增加运动量。以跑步为例,开始时可先进行散步等运动强度不大、活动量较小的练习,在心理上做好思想准备,活动1周或10天,待身体机能适应后,再进行小强度的慢跑,以后逐渐增加跑步的速度和距离。另外,大学生也要充分认识到,体育锻炼不可能在短时间内就见成效,只有坚持锻炼,才能取得理想效果。

二、全面发展原则

对多数大学生来说,进行体育锻炼是通过体育锻炼使整体机能全面、协调发展,所以在进行体育锻炼时,要注意活动内容的多样性和身体机能的全面提高。全面发展原则主要有两层意思:一是体育锻炼的项目要丰富多样。不同的体育锻炼项目,对身体机能的影响作用不同。选择多样化的锻炼项目有助于身体机能的全面提高。二是体育锻炼项目的多功能性。如果由于体育锻炼时间和锻炼条件的限制,无法选择较多的运动项目,那么在确定体育活动内容时,就应当选择一种能得到有效锻炼的运动形式,以保证虽然活动项目单一,但仍可对整体机能产生全面影响。

三、区别对待原则

体育锻炼时,还要根据大学生的年龄、性别、爱好、身体条件、职业特点、锻炼基础等不同情况做到区别对待,使体育锻炼更具有针对性。在具体执行区别对待原则时,应做到以下几点。

(一)根据年龄选择体育锻炼项目

年长者可进行一些活动量相对较平稳的慢跑、太极拳等项目的体育锻炼,以减少运动损伤。大学生可进行对抗性强、运动较剧烈的球类运动、爬山比赛等,以增加体育锻炼的兴趣。

(二)根据性别选择体育锻炼项目

男子可进行一些体现阳刚之气的举重、拳击等体育锻炼;女子则可练习健美操、健美舞等柔韧性运动项目。

(三)根据身体情况选择体育锻炼项目

对从事康复体育锻炼的人来说,体育活动量一般不要过大,其体育锻炼的主要目的是恢复身体机能,或使身体机能不致过分下降。对于一些有特殊慢性疾病的人,要有针对性地选择适合自己疾病的体育锻炼项目。

四、经常性原则

经常参加体育活动,锻炼的效果才会明显、持久,所以体育锻炼要经常化。虽然短时间的锻炼也能对身体机能产生一定的影响,但一旦停止体育锻炼后,这种良好的影响作用会很快消失。一次性体育活动可以提高人体的免疫机能,增强人体的抗疾病能力,但这种作用在体育锻炼后的第二天或第三天就消失了,所以大学生要想保持旺盛的体力和精力,就必须坚持参加体育锻炼。经常参加体育锻炼应注意以下几个问题。

第一,一旦参加体育锻炼,且对身体产生了良好的影响,就应自觉地坚持下去,活动的内容和项目可以更换,但锻炼不能停止。

第二,经常参加体育锻炼,并不是说无论什么情况下都绝对不能停止锻炼,而是只要合理地安排锻炼计划,如每周锻炼3次,或每周锻炼5次等,只要不是长期地停止锻炼,就能保持锻炼效果。

第三,因气候条件不能在室外进行锻炼时,可改在室内进行,即使暂时变换锻炼内容,对锻炼效果也不会有太大影响。如因工作繁忙不能按原计划进行体育锻炼的大学生,可充分利用零散时间进行体育活动,一天进行几次短时间的体育活动同样会取得较好的健身效果。

五、安全性原则

从事任何形式的体育锻炼都要注意安全性,为了保证体育锻炼的安全,大学生应做到以下几点。

第一,体育锻炼前做好充分的准备活动,使各器官系统的机能进入活动状态后,再进行较剧烈的运动。

第二,体育锻炼要全身心投入,锻炼过程中不要开玩笑,这对于大学生尤为重要,有时稍不注意,就有可能出现运动损伤。

第三,在进行跑步、健美操等体育锻炼时,最好不要在沥青马路和水泥地面上进行,以防出现各种劳损症状。

六、超负荷原则

在体育锻炼中,使身体既有一定程度的疲劳,又有一定的负荷耐受力,这种状态下的运动锻炼有利于大学生掌握体育技能,并能有效地增强体质。但身体适应某个运动量后,如长期按原来的运动量进行锻炼,身体的反应会越来越小,工作能力(体力)也只能保持在原有水平。因此,为了增强身体素质,必须在一定时间不断地加大运动量,这就是超负荷原则。

参考文献

[1]陈果.新时代高校体育教学改革对策与实践探索研究[M].沈阳:东北大学出版社,2023.

[2]陈洪强.大学生健身训练与体能增长[M].北京:九州出版社,2014.

[3]陈辉.高校体育教学探索与模式构建研究[M].北京:北京工业大学出版社,2023.

[4]陈静文,杨瑞.大学生体能训练的必要性及创新实施策略研究[J].网羽世界,2021(27):1-2.

[5]陈其林.优化大学生体能训练的路径探索[J].当代体育,2020(7):141,143.

[6]陈泽刚.高校体育教学改革创新与发展研究[M].长春:吉林出版集团股份有限公司,2022.

[7]陈智.体育教学与大学生体能训练[M].哈尔滨:哈尔滨出版社,2023.

[8]董晓欧,王志刚,李鹏.高校体育教学改革科学探索[M].长春:吉林出版集团股份有限公司,2023.

[9]杜立国.探讨大学生体能训练的注意要点[J].活力,2019(5):206.

[10]范军,田朝朝.大学生体能教学与训练[M].哈尔滨:东北林业大学出版社,2018.

[11]方静.高校大学生体能训练的重要性与实施方案[J].商品与质量,2021(2):307.

[12]龚莹莹,刘二侠,李会明.大学生体能训练与体质健康[M].北京:光明日报出版社,2014.

[13]韩秀英.高校体育教学发展研究创新[M].长春:吉林出版集团股份有限公司,2022.

[14]季锋,聂子琛,李洪一.体能训练对大学生体质健康状况的影响研究[M].哈尔滨:哈尔滨工业大学出版社,2018.

[15]贾丽芹,刘海英,孙怀玉,等.现代大学生体能训练新理念与实践探究[M].北京:中国时代经济出版社,2013.

[16]李静.大学生体能训练的影响因素及体能素质提升策略[J].体育画报,2023(5):132-133,138.

[17]李智鹏,孙涛,何志海.高校体育教学改革与教学设计研究[M].长春:吉林出版集团股份有限公司,2023.

[18]林香菜.大学生体能训练问题及对策探析[J].青少年体育,2019(4):96-97.

[19]刘成维.高校体育教学创新与运动训练发展研究[M].延吉:延边大学出版社,2023.

[20]刘丹.高校体育教学创新实践[M].长春:吉林出版集团股份有限公司,2022.

[21]刘少辉,吴长稳,张恩才.大学生体能训练理论方法的创新与实践[M].北京:中国时代经济出版社,2014.

[22]刘兴刚.大学生体能训练的现状及对策[J].新教育时代电子杂志(学生版),2017(37):206.

[23]刘永科,齐海杰.高校体育教学改革创新与发展研究[M].北京:中国原子能出版社,2022.

[24]马健勋.高校体育教学与科学训练[M].北京:北京工业大学出版社,2023.

[25]聂丹,李运.体育强国视域下高校体育教学创新研究[M].长春:吉林大学出版社,2023.

[26]秦江涛,杜高山.高校大学生体能训练的重要性与实施策略研究[J].运动-休闲(大众体育),2023(10):46-48.

[27]史蒂坚,胡琰茹.大学生体能训练[M].长沙:中南大学出版社,2019.

[28]孙杨杨.大学生体能训练的影响因素及体能素质提高策略研究[J].青少年体育,2020(11):124-125.

[29]田伟.高校体育科学化教学的创新与实践[M].长春:吉林大学出版社,2023.

[30]王东亮,赵鸿博.现代大学生体能训练理论与方法指导[M].北京:中

国书籍出版社,2014.

[31]王芳芳.大学生体能训练的影响因素及体能素质提高策略研究[J].羽毛球,2023(6):43-45.

[32]王葵.高校大学生体能训练的重要性与实施策略研究[J].人才资源开发,2015(18):149.

[33]王敏婷.高校大学体育教学理论与实践[M].长春:吉林人民出版社,2023.

[34]魏小芳,丁鼎.高校体育教学管理改革与模式构建探索[M].长春:吉林人民出版社,2022.

[35]吴鹏,马可,李晓明.高校体育教学多种模式研究[M].延吉:延边大学出版社,2023.

[36]徐海波.大学生体能训练理论与方法解析[M].长春:吉林人民出版社,2020.

[37]徐求,林军标,苏彬.现代大学生体能训练原理与方法探索[M].北京:中国时代经济出版社,2013.

[38]尹金华.大学生体能训练的影响因素及体能素质提高策略研究[J].体育风尚,2022(2):92-94.

[39]张国宝.高校大学生体能训练的重要性与实施方法探讨[J].文体用品与科技,2019(23):39-40.

[40]张建梅.高校体育教学与大学生体能训练[M].长春:吉林科学技术出版社,2020.

[41]张舒,尹上.高校体育教育理论及教学探索[M].长春:吉林人民出版社,2023.

[42]赵健.高校体育教学与大学生体能训练[M].延吉:延边大学出版社,2019.

[43]朱冀.高校体育教学管理研究[M].长春:吉林人民出版社,2022.

[44]朱元明.高校体育教学模式与创新发展研究[M].长春:吉林出版集团股份有限公司,2022.